"公司+农户"
准一体化机理与超市场契约定价

"GONGSI+NONGHU"
ZHUN YITIHUA JILI
YU CHAOSHICHANG QIYUE DINGJIA

黄益新 著

中国财经出版传媒集团
中国财政经济出版社

图书在版编目（CIP）数据

"公司+农户"准一体化机理与超市场契约定价／黄益新著．－－北京：中国财政经济出版社，2019.9
　ISBN 978－7－5095－9211－3

　Ⅰ.①公… Ⅱ.①黄… Ⅲ.①农业经营－规模化经营－研究－中国②农户－农业企业－经济合作－研究－中国 Ⅳ.①F324

中国版本图书馆 CIP 数据核字（2019）第 190765 号

责任编辑：彭　波　　　　　责任印制：党　辉
封面设计：卜建辰　　　　　责任校对：胡永立

中国财政经济出版社 出版

URL：http://www.cfeph.cn

E － mail：cfeph@cfemg.cn

（版权所有　翻印必究）

社址：北京市海淀区阜成路甲 28 号　邮政编码：100142
营销中心电话：010 － 88191537
北京财经印刷厂印装　各地新华书店经销
710×1000 毫米　16 开　11.75 印张　200 000 字
2019 年 9 月第 1 版　2019 年 9 月北京第 1 次印刷
定价：68.00 元
ISBN 978 － 7 － 5095 － 9211 － 3
（图书出现印装问题，本社负责调换）
本社质量投诉电话：010 － 88190744
打击盗版举报热线：010 － 88191661　QQ：2242791300

前　　言

本书从我国农业生产效率和技术进步的现状入手，提出促进现代农业发展的微观机制是将农户生产与公司经营融合，形成规模经营组织，采纳并有效地利用先进技术。以农户家庭生产经营问题的考察为起点，阐述"公司＋农户"组织的形成及其经营规模化的优势，分析公司和农户的组织关系和产权结构。然后围绕超市场契约的内涵和有效性，给出"公司＋农户"组织的具体适用范围，归纳超市场契约条款安排的主要原则和逻辑。

现阶段，小农户分散经营存在的问题制约了农业现代农化进程。通过规模经营提高农业生产技术水平成为农业发展中的重要问题。公司带动农户生产的规模经营方式一直是众多研究者关注的热点。学界关于"公司＋农户"模式的研究主要是以个案分析为基础，集中于组织形式、契约类型等专题的讨论。对于这种规模经营组织的形成、组织机理及其适用性等的一般性研究不多。

目前，我国农业发展面临土地、劳动力资源的双重约束。土地产出率、劳动生产率同时提高是以技术进步为特征的现代农业的内在要求。近十几年来，农业生产效率总体上是提高的，但是土地产出率没有劳动生产率提高显著。主要原因在于劳动生产率提高是人地关系宽松和技术进步的共同影响，而土地产出率只取决于技术进步。基于 1997～2011 年农业面板数据的 Malmquist 指数估算显示，纯粹技术进步在一定程度上促进了土地产出率提高，但是其效果被较低的技术效率削弱。因此，促进农业发展的思路是资本投入向提高土地产出水平的技术倾斜，并且提高技术在实际生产中的利用效果。相应的微观机制是以公司带动农户的方式发展规模经营，促进农业生产效率全面提高。

小规模农户家庭正处在传统农业向现代农业的过渡阶段。在市场化进程的冲击下，家庭生产具有兼业化特征，而且以逐利为目标导向。在此背景下，农户最优的生产方式选择既不是传统的劳动型精耕细作，也非现代农业的资本型精耕细作。理论上，以小农户作为规模经营组织基本单元的合理性在于家庭生产组织富有技术效率，能以既定的投入得到一定技术水平下的最大产出；必要性在于小农户分散经营缺乏实力和能力，难以在生产中采纳先进的技术。以安徽省凤阳县大棚蔬菜种植户调查资料为基础的 DEA 分析表明，不同技术分组的小农户都具有较高的技术效率。但是与种植大户相比，小农户在品种多元化、销售方式以及资金投入方面存在劣势。

小农户与公司签订购销合同是规模经营的初级形式。实践中，订单农业面临的主要问题是履约率不高，双方合作关系不稳定。通过典型的违约案例分析可知，在市场价格存在波动的环境中，事前固定成交价格是存在履约问题的主要原因。本书构建农户和公司非合作博弈模型并讨论了合作解的存在条件。博弈研究表明现金抵押是提高订单履约率的基本手段，但是完全抵押的要求限制了其作用。专用性投入同样能够抑制机会主义行为，这种广义的抵押没有现金抵押的局限性，因而是有效的自我履约手段。双方都进行专用性投入可以在促进履约的同时，防止出现"敲竹杠"现象。在这种情形下，公司和农户由简单的订单关系发展为"公司＋农户"组织。

形成"公司＋农户"不仅是双方理性选择的结果，这种准一体化组织还具有规模化的实现优势。衡量现代农业，适宜的规模尺度是资本大小。因而，农业技术进步内在要求的经营规模化依赖于资本积累和追加投入。以家庭农场为代表的一体化组织主要采用资本积聚方式进行积累，"公司＋农户"则通过资本集中实现经营的规模化。准一体化组织在资本集中过程中，能够将生产规模和经营规模区分开来，从而在规模扩展条件、资本积累速度以及创造分工关系方面具有相对优势。

"公司＋农户"准一体化组织具有特殊的产权结构，主要体现在，农户部分地让渡了土地经营权。这种产权结构体现着公司经营能力与农户土地经营权的交换，双方由此形成的组织关系可以称为"主从关系"。主从关系有助于节约商品交易成本和管理交易成本，因而"公司＋农户"兼具市场、科层的组织优势。主从关系赖以存在的产权结构是剩余控制权优化配置的结果。本书将格罗斯曼—哈特—摩尔（G－H－M）模型拓展到市场和一体化的中间状态进行讨论，阐述了在公司和农户收益函数存在交互影响的条件下，准一体化是有望实现合作收益最大化的产权配置方式。

契约安排是公司和农户实现双赢的具体手段。实践中，"公司＋农户"组织运用的是超市场契约。相比古典契约、新古典契约，超市场契约更适用于交易比较复杂的农业领域。一般来说，交易是否具有关系专用性是判断这种契约有效性的准则。在农业生产经营中，交易对象属于特殊品种，或者涉及专用资产、专门技能的非标准化交易都具有一定程度的关系专用性。因此，在农业中，大部分的养殖业、果蔬业以及特种粮食作物生产部门更加适合运用超市场契约。

超市场契约能够在不确定变化中协调冲突，维系连续的交易和合作关系，这依赖于具有灵活适应性的条款安排。约定数量调整范围、源头管理和质量干预以及框架式的定价原则是超市场契约的应有内容。其中，常见的契约定价机制可以概括为保底收购、高进高出和固定分成，当市场价格波动时，这些定价原则能通过实际成交价格的增减来调节双方的收益。而且，通过构建"分蛋糕"合作博弈模型进一步考察契约定价可知，随着双方对于合作收益贡献的变化，这些契约定价方式虽然在表面上截然不同，但所体现的恰好都是对合作净收益的均等分配。

合作收益是"公司+农户"组织存在和发展的物质基础。从其来源看，提升公司源头管理和农户生产的效率是双方持续合作的保障。实践中，双方的合作收益面临着种苗、饲料等农资市场的冲击，在公司从事农资研发创新以及增加农户生产中的实物资产等方面存在困难。政府通过扶助公司的源头管理和经营能力，在农地产权交易、重建集体经济和引导工商资本涉农等方面促进农业生产的实物资产投入，可以提高对农业规模经营进行扶持的精准性、有效性。

作者
2019年7月

目　　录

第1章　导论 ··· 1

　1.1　研究背景与意义 ·· 2

　1.2　研究出发点、研究对象和研究目的 ················ 16

　1.3　研究思路和主要框架 ·································· 18

　1.4　本书主要研究方法和理论运用 ····················· 25

　1.5　可能的创新之处和不足 ······························ 27

第2章　基于农户生产效率的农业规模经营 ············· 29

　2.1　现代农业的"效率双升"与土地产出率先导 ········· 31

　2.2　现阶段农业技术进步与效率特征 ·················· 35

　2.3　农户家庭的生产与经营特征 ························ 42

　2.4　农户家庭生产效率与经营状况：以大棚蔬菜种植为例 ···· 46

　2.5　小结 ··· 54

第3章　"公司+农户"准一体化组织的形成 ············ 57

　3.1　订单合同及其履约困境 ······························ 59

　3.2　订单博弈的模型框架 ·································· 63

　3.3　现金抵押与订单博弈 ·································· 69

　3.4　关系专用性投入对订单交易的影响 ··············· 73

3.5 公司和农户相互依存与订单关系转化 ………………… 76
3.6 小结 ……………………………………………………… 79

第4章 "公司+农户"组织的规模可分性特征 …………… 83

4.1 农业技术投入与规模化经营 …………………………… 85
4.2 农业经营规模化的资本积聚方式 ……………………… 86
4.3 农业生产规模与经营规模的可分性 …………………… 88
4.4 "公司+农户"的资本集中优势 ………………………… 91
4.5 小结 ……………………………………………………… 93

第5章 "公司+农户"的组织关系与产权结构 …………… 95

5.1 "公司+农户"组织中的产权架构 ……………………… 96
5.2 "公司+农户"组织中的主从关系 ……………………… 98
5.3 准一体化组织的交易成本优势 ………………………… 99
5.4 公司与农户合作中的剩余控制权 ……………………… 103
5.5 "公司+农户"组织的剩余控制权配置方式 …………… 105
5.6 小结 ……………………………………………………… 117

第6章 "公司+农户"的超市场契约及定价机制 ………… 119

6.1 公司与农户的超市场缔约 ……………………………… 120
6.2 超市场契约在农业中的适用范围 ……………………… 122
6.3 "公司+农户"超市场契约的条款安排 ………………… 125
6.4 公司与农户的合作博弈与定价机制 …………………… 129
6.5 契约定价方式与合作收益分配的调节 ………………… 132
6.6 节约交易成本对于超市场契约定价的影响 …………… 136
6.7 生产成本降低与契约定价方式选择 …………………… 138
6.8 "公司+农户"超市场契约的可能变化 ………………… 140
6.9 小结 ……………………………………………………… 142

第7章 "公司+农户"组织的发展与政府扶助 ············ 145
  7.1 合作收益是"公司+农户"组织发展的基础 ········· 146
  7.2 "公司+农户"组织发展的现实问题 ············· 149
  7.3 政府对公司的源头管理与经营能力进行扶持 ········· 152
  7.4 政府为农业专用性实物资产投入创造有利条件 ······· 154
  7.5 小结 ································ 157

第8章 主要结论与研究展望 ··················· 159
  8.1 本书的一些结论 ························ 160
  8.2 进一步研究展望 ························ 162

参考文献 ·································· 165

"公司+农户"
准一体化机理与
超市场契约定价
Chapter 1

第1章 导 论

1.1 研究背景与意义

1.1.1 "公司+农户"组织问题的现实背景

十八届三中全会《中共中央关于全面深化改革若干重大问题的决定》提出"加快构建新型农业经营体系。坚持家庭经营在农业中的基础性地位，推进家庭经营、集体经营、合作经营、企业经营等共同发展的农业经营方式创新"，进一步明确农户家庭在现代农业建设中的主体地位。现阶段，农业生产面临着国内生产成本不断上升和国外农产品相对价格较低的双重压力，迫切需要提高资源利用效率，增强农产品的供给能力。同时，发展现代农业也要求通过技术进步不断提高劳动生产率和土地单产水平。目前我国还有2.1亿多农户，而户均耕作土地面积不到10亩。如何以农户家庭为基础发展规模经营，从而促进农业生产进步成为需要破解的现实问题。

家庭承包制下农户家庭自主经营由于具有较高的生产积极性因而有一定的组织优势。但是，农户小规模经营存在着自身难以克服的缺陷。由于家庭生产经营活动能触及的产业链条较短，农户融入市场的能力较弱。"小农户"和"大市场"的矛盾制约了农户生产发展。销售难、销售价格低、生产资料进价高等现象使农户处于不利的购销环境，农户难以获得较多的积累用于改进生产技术、提高生产效率。农户生产在低水平效率中徘徊反过来进一步降低其参与市场竞争的能力。而且，分散经营下农业生产分工局限于小规模的生产单位内部，农户生产的专业化程度不高，很难实现"现代要素进入农业"（舒尔茨，1968）。单干的小规模农户不能完全脱去传统农业的封闭特征，承载现代农业的发展要求。

第1章 导 论

农业产业化是提高农业生产技术、加速现代农业发展的有效途径。农业产业化能改造传统的自给半自给的农业和农村经济,把众多的分散小农户和越来越大的市场相衔接。在家庭经营的基础上,逐步实现农业生产的专业化、商品化和社会化,推进传统农业向现代农业的转变。自1992年山东省潍坊市正式提出农业产业化理念开始,在全国各地的实践中,出现了各种农业规模经营组织。截止2014年底,全国已有家庭农场87.7万家、农民合作社126.7万家。各类农业产业化组织33万个,其中龙头企业12万多家。产业化组织辐射带动农户1.2亿户。

农业规模经营是指通过土地、劳动、资本、管理等要素的配置,实现经营活动的统一化、规模化,从而提高土地产出率、劳动生产率和农产品商品率的一种农业经营形式。现阶段,具有规模经营功能的营利性组织有家庭农场、龙头企业以及"公司+农户"等代表性类型。其中,"公司+农户"是指农户只负责具体的生产操作,公司通过订单收购、技术指导等带动农户生产发展的组织方式。在涉农资本投入方式上,"公司+农户"不像家庭农场主要依赖自身积累来扩大规模,而是农户在公司的带动下获得规模化经营的好处。在农业分工实现方式上,"公司+农户"不像龙头企业在一个微观组织内部直接吸纳生产、购销、研发等生产经营活动,而是利用合作、分享机制将农业产业链的不同环节交给不同的主体。因而,在资本深化和分工发展方面,"公司+农户"是有实践价值的组织类型。

以组织间分工的方式延伸产业链,所形成的组织在形式上具有开放性。一方面,公司带动农户发展的初级形式主要是签订购销合同。公司负责种养品种、数量方面的决策,而生产交由农户完成。以正大集团、温氏公司为典型的高级形式,已经使公司和农户的关系从流通领域向生产环节结合。另一方面,在"公司+农户"组织的基础上逐渐出现了"公司+合作社+农户"、"公司+基地+农户"、"家庭农场+合作社+农户"、"公司+家庭农场"等衍生形式。可以设想，在农业现代化进程中，组织间合作仍然具有一定的发展前景。组织间共赢模式在不同程度上实现了生产操作和经营活动的分工，"公司+农户"是这些组织形式在理论上的共同抽象。

龙头企业、家庭农场能够实现规模经营，通常以土地流转、雇工劳动为前提。"公司+农户"组织中不存在此类要素契约，它主要以商品契约为基础来扩大经营规模。随着市场化进程不断加快，市场在资源配置方面起决定作用，小规模农户与大市场的衔接问题日益突出。公司和农户缔结围绕产品购销的合同，对于克服小规模分散经营的弱点，降低农户市场风险，节约交易成本，进而提高农户生产的专业化程度，促进新型职业农民的培育，具有不可替代的作用。"公司+农户"是以商品契约为基础的经济联系，可以规避规模经营组织形成中所面临的土地流转约束，减少涉农资本可能的"掠农"行为。而且，对于农业来说商品契约优于要素契约（周立群，2002），在不少地方反租倒包被证明在农业生产经营中不具有普适性。从人民公社到家庭承包再到适度规模经营，农业规模化发展的扬弃不是回到要素契约的再造，而是商品契约的演进。

目前，公司带动农户发展中毁约现象比较常见。"公司+农户"模式存在的主要问题在于如何设计合理、合适的契约，借以形成风险共担、利益分享的有效机制。订单农业的毁约率高达80%（刘凤芹，2003）并不表明"公司+农户"组织形式的不可取，而是提出了值得研究的话题。温氏集团等成功案例给予的启示是，遵循经济学逻辑、通过精巧的契约安排是可以建立类似于一体化紧密程度的组织，从而促进农户提升生产效率以及现代农业建设。实践发展所提出的主要问题是"公司+农户"是什么样的组织？"公司+农户"适用于什么农业门类或生产经营对象？以及如何提高"公司+农户"契约组织的交易和生产效率？

学界关于"公司+农户"模式的研究已经有了一些成果。借助于案例分析,"公司+农户"组织介于市场和科层之间的一些主要特征逐步得到概括,与其他规模经营组织形式的边界也日益清晰化。在解释"公司+农户"组织优势时,越来越多的研究开始关注公司和农户之间契约关系的特殊性,并将其概括为超市场契约(刘东等,2003)。而且,随着"关系"概念的展开,对履约机制的考察也渗透到经济社会学的交叉领域,社会资本、信任等范畴开始用于契约分析(徐忠爱,2008)。已有研究成果建立了我国"公司+农户"模式分析的基本思路,并且创造了诸如超市场契约等新的概念。在此基础上,与我国资源禀赋状况和农业生产经营特点相适应的"公司+农户"契约组织的理论研究尚可进一步深入。

提升农业生产效率是规模经营的应有之义,农户家庭终究是农业生产技术进步的微观组织单元。公司领航下的"惠农"不仅是缓解小农户和市场的矛盾,还要促进农户生产发展。"公司+农户"组织如何体现、如何实现规模经营,以农户家庭生产经营状况为切入点的研究不多。立足农户家庭生产,促进公司和农户合作,还有值得进一步研究的现实问题。例如,有必要解释"公司+农户"准一体化组织存在的合理性;在农户拥有土地承包经营权的背景中,考察"公司+农户"结成利益共同体的产权关系;厘清公司和农户的博弈关系,给出双方产生合作的环境条件,并分析"公司+农户"组织类型在农业中的具体适用范围;在收益分享的原则下,需要具体分析契约定价和分配比例的影响因素。本书运用产权和契约经济理论,继续研究"公司+农户"契约组织的形成、发展机理,从而为适度规模经营组织方式的选择提供理论参考。

1.1.2 "公司+农户"组织的相关研究及其发展

1.1.2.1 组织与契约研究的发端与引领

组织问题的起点可以追溯到韦伯(1958)的"理想类型"。韦伯通过同类现象的概括，提炼了科层组织的主要特征在于：严格的规章制度，权力和等级相关；科层的管理人员是专业化、职业化的，管理者追求利益最大化；科层组织建立在理性和法理权威基础上。按照韦伯的抽象分类，组织内存在层级关系需要以产权关系设定为背景和前提条件。

当然，这种权威和等级关系不仅来自产权，也是经济利益上的内在要求。正如奈特（1921）的观点"自信和过于冒风险的人通过保证多疑和胆小的人有确定的收入，以换取对实际结果的拥有而承担风险或对后者保险"。奈特初步解释了组织权威形成的经济逻辑，并且他所指的"实际结果的拥有"已经具有了后来哈特（1989）重点研究的"剩余权利"概念雏形。在奈特的研究中，韦伯提出的科层具有理性基础的抽象概括得到具体化。科层的经济理性在于，组织是在不确定性条件下，通过指挥职能的专业化来分配和控制风险的工具。但是，奈特并没有说明这种工具为什么非要通过科层组织，而不是市场方式来实现。

科斯（1937）的开创性研究推进了对于组织本质的认知，组织存在的理性基础更加具体化、逻辑化。科斯第一次提出交易成本概念，并且在理性选择的新古典范式下，区分了市场组织和科层组织两种"理想类型"。他认为，市场和企业都是两种不同的组织劳动分工的方式，即两种不同的交易方式，企业产生的原因是企业组织劳动分工的交易成本低于市场组织劳动分工的成本。企业（科层）一方面是以权威来实现分工合作；另一方面，以长期雇佣合同替代一系列短期契约具有节约交易成本的优势。

至此，关于组织的研究其实已经提炼出后继研究中的三个关键问题：一是区别不同组织类型的可观察的变量是什么？即组织的边界问题（What）；二是为什么选择某种类型的经济组织？即组织选择的逻辑问题（Why）；三是经济组织的参与者如何协调以实现具有比较优势的效率？即契约和治理问题（How）。

第1章 导　论

1.1.2.2　组织的本质与边界：清晰或模糊

在科斯（1937）的研究中，市场和企业组织相对来说是泾渭分明的。他指出市场和企业是两种可以相互替代的配置资源的手段。在市场上，资源配置由价格机制自动调节；在企业里，资源配置由权威的组织来完成。这里，与自动调节与权威方式对应的是不同的产权关系。企业组织中的生产者不像在市场一样具有行动的自由。可见，产权结构是划分组织边界的一个尺度。

阿尔奇安和德姆塞茨（1972）并不同意科斯的观点，而认为企业的本质是团队生产。实际上，把企业视为团队并没有偏离科斯的观点，而是进一步解释为什么要出现权威。按照阿尔奇安和德姆塞茨的逻辑，市场组织是"看不见的团队"。市场价格机制能产生足够的激励，而团队组织由于存在"搭便车"问题则需要引入激励（监督）。监督者需要被监督，直至出现一个权威。因而，作为团队的组织具有产权方面的一体化的属性。

张五常（1983）的研究提供了识别组织的另一种方法。他不赞成用团队生产性质来解释组织的区别（替换）。他认为人们偷懒、欺骗或投机一类行为是普遍存在的，这在程度上和性质上依赖于选择的契约方式或对交易中的财产度量和定价方式而变化。如果对工人每一微小的贡献都给予回报，工人就不会偷懒，或者至少他的偷懒就会大有不同。问题是，假如真的以工人的劳动成果为交易对象，将产生高昂的产品信息费用和劳动度量费用。进一步，张五常把"企业"取代"市场"的说法换成"用一种契约形式取代另一种契约形式"。对于组织参与者来说，产权可以通过广泛多样的契约安排来进行交易，而契约的选择则受制于交易费用。遵循张五常的研究思路，契约成为区分不同组织类型的另一个尺度。

包括企业在内的组织本质上是一系列契约关系的联结（詹森和麦克林，1976）。把企业视为区别于市场的契约组织方式，有助于推

"公司+农户"准一体化机理与超市场契约定价

进组织内部关系的微观研究,但是企业的边界不再清晰。由于产权从来没有完全界定过(巴泽尔,1982),转让要素的使用权也将是不完全契约。因而,从产权界定和交易角度,企业作为要素契约并没有完全确定的边界。在现实中,纯粹的要素契约并不存在,商品契约也是类似的。不过这倒是契合了现实的发展,诸如利益相关者治理、战略联盟与企业网络等现象可以置于产权和交易成本框架下进行解释。

商品契约和要素契约"二分法"对于真实世界过度抽象和简化,而组织的产权理论有所不同。以产权的激励效应为核心问题,哈特和摩尔(1990)、格罗斯曼和哈特(1996)等把研究重心放在产权的转让程度上,主要探讨各种资产的剩余控制权配置如何影响交易的结果。关于组织的产权观点似乎更强调商品或要素契约的不完全性,从一开始就认为可能存在着中间组织。从逻辑上讲,既然产权不能事先完全界定,那么剩余权利内容及其交易的范围也就不是封闭的。一体化或市场关系只是产权配置的可能状态之一,还有大量的准一体化组织(或准市场组织)。产权关系的研究并没有使组织的边界重新变得清晰,而是把组织的本质归结为产权交易,从而回避了组织边界问题。换句话说,剩余控制权界定到哪儿,那儿就是组织的边界。

"公司+农户"是对现实中公司引领农户发展大量现象的概括。作为一种"理想类型",它不是企业,当然更不是简单的市场组织。公司没有完全的权威,农户也不是独立的经济组织。"公司+农户"这种规模经营组织同样没有确定的边界。但是,从形成和演化方向看,它的一端是一体化的农业企业(包括家庭农场),另一端是农户回到"单干"状态。而且,现实中"公司+农户"主要是从市场的一端发展而来。公司和农户之间的订单具有长期性,不同于短期的商品契约;农户并没有在公司的监督下生产,双方没有要素契约关系。因此,从契约类型和产权关系视角,不妨把"公司+农户"作为准一体化组织看待。

第 1 章 导　　论

1.1.2.3　组织选择的经济逻辑：生产成本和交易成本

在科斯提出"企业的出现是为了节约交易成本"观点之前，企业是看不见的"黑箱"。在古典企业理论中，企业利润最大化的目标实际上转化为生产成本最小化。在生产函数分析范式下，最优规划中约束函数的凹性是不言自明的，因而节约生产成本既是利润最大化的必要条件也是充分条件。但是，交易成本的存在改变了约束条件及其函数性质，节约生产成本未必能达到组织的目标。

虽然组织没有清晰的边界，但变化总是可以观察到的。组织的选择也是组织边界的动态变化问题。如果企业的经济合理性仅仅在于专业化和规模大小，那么只要投入没有超越规模经济的范围，将有更多相关资产的所有者加入企业，组织的边界将延展。按照这个逻辑，人民公社的经济组织方式是因为投入太多导致了规模不经济。其实不然，集体化的生产组织问题主要在于监督而不是技术上的原因（林毅夫，1990）。直到现在，以大规模的投入完成高标准农田、水利水电等基础设施的供给，依然在技术上是可行的。技术上的专业经济、规模经济并不是解释组织选择的唯一原因。正如张五常（1983）的看法："若每项活动都能被衡量和定价，那么产生于专业化和协作的收益，在没有要素市场的情况下也能实现"。

只强调交易成本对于组织效率的影响也是不够的。早在《资本论》中，马克思就已经指出："协作提高了个人生产力，而且也创造了一种生产力，这种生产力本身必然是集体力"。科斯在《企业的性质》中暗含的假设是交易从市场转向企业内部组织，分工和技术是不变的，因此节约交易成本看似企业的唯一功能。其实，企业作为促进劳动分工的一种形式，与自给经济相比，也许会使交易费用上升，但只要劳动分工经济收益的增加超过交易费用的增加，企业就会出现（杨小凯和黄有光，1994）。

企业、市场等组织方式的选择既有技术和生产效率的考虑，也受到交易成本的约束。威廉姆森（1985）认为："组织商业交易的准则假定为一种节约交易成本的严格工具性准则，它基本上可以分为两个部分：生产支出的节约和交易成本的节约"。由此，组织经济活动的目的体现于生产成本和交易成本总和的最小化。威廉姆森的观点暗示，过于强调交易成本也是不可取的。折衷的方式是既考虑专业化，又考虑交易的特殊性，这或许是他提出资产专用性问题的用意所在。一方面，专业化、规模化需要专用性的资产。因为工艺、产品的专门化不可避免地对资产性能方面产生特殊的要求。另一方面，包括机器、设备、设施等在内的专用性资产局限于某个组织使用时，可能被"套牢"。原本是为了提高效率，由于失去了参与其他分工的可能性，恰恰（妨碍）限制了效率的实现。在威廉姆森的分析中，将其称为机会主义的潜在威胁，这是影响交易成本的重要因素。

作为"理性人"，公司或农户选择"公司+农户"准一体化方式也遵循组织选择的一般逻辑。既能容易地销售完、方便地采购到，又能相对成本卖个好价钱、便于进一步的加工生产。公司与农户缔结合同的结果如果是交易依然困难的同时生产效率没有提升，很难想象这种组织在现实中的可能性。公司带动农户发展从而形成"公司+农户"组织，交易成本和生产成本综合权衡的"双赢"是其存在发展的前提条件和现实目标。

1.1.2.4 组织的契约与治理：从市场到科层的连续谱

体现一定产权交易关系的契约是达到组织目标的重要手段。对于某个组织而言，产权是宏观的关系框架，而契约则是组织的微观工具。任何契约内容中都包含特定的权利和义务，这些规定体现着不同的治理，即交易在其中进行议价成交的制度母体（威廉姆森，1979）。

威廉姆森在研究组织契约治理时沿袭了旧制度主义的传统。20世纪初，康芒斯（1934）第一次提出把交易作为分析经济组织的基本单位。他认为建立经济组织的目的是协调交易双方潜在的矛盾，以避免实际或可能发生的各种冲突。并且,康芒斯把交易划分为三种类型:买卖的交易、管理的交易和限额的交易,这三种活动单位包罗了经济学里的一切活动。威廉姆森提出治理概念,正是为了考察不同交易下的契约选择问题,使不同属性的交易通过成本和效率不同的方式相匹配。由此,对于组织边界的讨论更加微观化,交易对象属性研究、交易成本比较分析等构建了经济组织的一般逻辑。

正如哈耶克(1945)所言:"社会经济问题主要是在特定的时间、地点、条件下快速调整的问题",在不确定性世界中,适应性是组织的核心问题,治理则是增强适应性的手段。哈耶克认为价格体系是信息交流和引起调整的有效手段,同时价格体系又是人们无意中发现、尚未理解就开始学习应用的构造之一。这里,"构造"一词与威廉姆森的治理是同义语,因而哈耶克所指的价格体系也可以理解为市场组织的治理手段。除了自发的市场之外,还存在人们之间的有意识、经过深思的、目的性的合作(巴纳德,1938),并通过科层制实现。科层内部同样存在适应性问题,组织的生存取决于维持各种复杂特征之间的平衡。当环境变化时,要求组织内部过程的重新调整(巴纳德,1938)。

麦克内尔(1974)把有利于交换的契约分为三种:古典契约、新古典契约和关系型契约。古典契约对应着哈耶克所指的自发适应性,它通过独立分散决策和强化"现实性"而达到目的,所支持的是市场组织形式。但是,对于不确定条件下执行的长期契约,充分地考虑现实性(包括未来的需要),即便可能,信息成本也是高昂的。长期、不完全契约需要特定的适应性机制,当面临较大的意外可能干扰时,从古典契约转向新古典契约有利于交易的持续。新古典契约不须对现实中的关系进行精确的预见和规定,而是在内容上留有余地。新古典契约因为其"框架性"而更具灵活适应性。另外,支撑灵活性需要双方都信任的第三方仲裁机构来解决争议。当意外干扰对于双方的可能影响更为严重时,由于仲裁的执行成本高而且使用范围有限，需要考虑更加富有弹性、适应性的安排（威廉姆森，1991）。关系缔约贯穿（交易）始终而完全是（与现实）关联的，它可能包括也可能不包括"初始协议"（麦克内尔，1974）。针对更为特殊交易的关系型契约意味着新古典调整程序被双边治理或统一治理所取代。

关于组织契约和治理研究能够给予的启示是，随着交易的复杂性程度提高，分散性将让位于集中的决策，确定性的规定让位于框架式的条款。因此，适应范围将从眼前扩展到不确定性的未来，难以调整变得可以灵活调整。同时，适应方式和治理方式将从"哈耶克的市场"转向"巴纳德的科层"。在市场和科层之间的契约连续谱中，"公司+农户"显然不属于市场契约关系，市场组织难以适应农业生产因为自然、生物属性而具有的较强不确定性。这种组织也不是科层类型，公司和农户之间没有完全的控制关系。其衍生形式中可能存在新古典契约关系，如"公司+合作社+农户"模式下合作社可能具有中介的作用，而这没有改变公司和农户之间的契约关系。"公司+农户"组织依靠介于市场和科层之间的契约关系，以及相应的治理方式提高其在农业生产经营活动中的适应性。

1.1.2.5 组织的要素和资源：知识、信息与企业家才能

以产权理论和交易成本分析方法为基础的组织研究，并没有完全离开新古典的分析范式。对于组织本质和实现方式的认识深入，实际上是以理性选择的框架下，在投入产出关系中引入了更多的要素。交易复杂化具体的表现在影响成本和收益的生产要素情况更为复杂。

随着现代企业理论的发展，在土地、劳动、资本等传统要素之外，信息、知识才能等新的要素概念开始用于组织与契约分析。在早期的研究中，信息已经进入组织问题的视野。科斯（1937）最初给交易成本的界定是"寻找交易对象、订立合同、执行交易、洽谈交易、监督交易等方面的费用与支出"。在很大程度上，科斯是指利用市场价格机制需要必要的信息。如果信息可以无成本地获得，那么通

第 1 章 导　　论

过市场或企业实现交易是没有差异的。实际上，信息不仅是稀缺资源，而且信息是不完全的（阿罗，1972）。张五常（1983）对于科斯交易成本概念的发展，更是强调了信息成本，包括关于产品质量的信息、劳动过程的信息等。巴泽尔（1989）则是把信息对于交易的影响概括为考核费用。诸多研究暗含的结论是，如果信息不是组织的要素，那么不同组织的差别将不复存在。

　　与如何获得知识并行的问题是谁在获得信息、想要获得什么信息。信息和知识，这两种要素并没有完全地互不相干。尽可能地获得信息，是做出正确决策的前提。任何生产过程都涉及"怎么办"的问题，生产离不开决策。生产计划需要宏观上的战略决策，生产过程需要现场决策。针对具体问题，决策者需要具备专门的知识和能力。与哈耶克的观点一致，詹森和麦克林（1999）认为任何单个决策者或决策者集团所拥有的知识，只是人类所知道知识集的一个微不足道的子集。当知识在决策中有价值时，对这些决策来说，使决策权与可利用的知识相匹配是有收益的。但是，在哈耶克的研究中没有提及知识在主体之间转换的成本。除非是一般性知识，对于决策来说意义重大的知识未必掌握在有决策权的人身上，因而，决策权的配置成为组织效率的一个重要问题。

　　詹森和麦克林所说的特殊的知识与企业家才能相关，也是农户分散经营的主要缺陷。马歇尔在《经济学原理》中就已经指出企业家才能是"第四种要素"。企业家才能包括经营企业的管理能力与创新能力。这种要素与土地、劳动、资本的关系不是互相替代，而是互相补充。在生产相同数量的产品时，可以多用资本少用劳动，也可以多用劳动少用资本。但是，劳动、土地和资本三要素必须予以合理组织，才能充分发挥生产效率。从某种程度上说，企业家才能是组织的核心能力（福斯，1993），拥有企业家才能的组织具备相当的竞争优势。

　　公司与农户之间以准一体化方式合作，体现了信息、知识以及企业家才能这些生产要素的不可或缺性。一般而言，农户离市场远，但是离田间地头比较近，公司则是相反。公司和农户双方的沟通是克服各自信息劣势的有效手段。农户具有决策权，但是一般不具备经营管理方面的知识；公司拥有企业家才能，但是不拥有土地的经营权。农户具备生产知识，知道农作物生长过程中如何根据现场情况进行处理；公司则拥有市场行情、技术应用等方面的经验。"公司＋农户"组织的出现，搭建了信息交流的平台，也是知识和才能的分工装置。

1.1.2.6 组织的适用范围：农业领域

国外关于组织和契约问题的探讨主要集中在工商业领域，像纵向一体化、互惠贸易、特许经营等话题，少有触及农业方面的研究。从20世纪80年代开始，新制度经济学分析范式逐步被国内学者接纳的同时，将其基本概念、方法和思路用于我国农业发展问题的研究也开始起步。产权、组织、契约逐步成为国内农业经济研究文献中出现频率较高的关键词。国外已有的研究成果表明，在100年左右的时间里，组织契约问题渐次出现了本质和边界、委托与代理、剩余控制和索取、契约法与治理等不同的焦点。与之不同，国内在近20年间对于农业规模经营组织的研究中，各个理论分支和研究重点几乎同时展开。

农业组织同样存在本质和边界问题。合作社是讨论较多的规模经营组织类型。当前大多数农民专业合作社是在农户分化、部门和资本"下乡"的格局下生发和运行的，因而形成了特殊的面貌。过多强调以业务单一的专业性合作为主，往往会出现普遍性的"精英俘获"，不利于农民主体地位的实现（温铁军，2013）。而且，专业合作社并不是严格意义上的生产性组织。成立专业合作社和发展的主要目的是形成集体行为，应对市场的挑战。但是，组成合作社的成员，其生产仍然是完全独立的，合作社未必具有专业化的生产效率。在黄祖辉等（2011）的实证分析中，合作社负责人的企业家才能和成员人力资本水平的提高对合作社提高效率具有重要影响。农民专业合作社总体上效率水平较低，组织效率问题是其重要原因。

第1章 导　　论

在专业合作社发展面临组织问题的同时，具有一定规模和经营能力的家庭农场受到学界的关注。家庭农场作为经济组织更适合分工水平低且对生产要素之间匹配要求不高的生产活动（陈纪平，2008）。就生产环节而言，家庭生产与农业分工特点更匹配，在管理方面具有较高的组织效率。而且，家庭农场在采购、销售、技术等方面也具有一定的经营优势。但是，以家庭农场组织方式实现规模经营，需要以土地的规模化流转作为前提。根据国内外经验，家庭农场的适度规模大概是户均经营规模的10倍，按照这个经验，2030年我国家庭农场平均经营规模将达到26.7公顷（苏昕等，2014）。在我国，面临人地关系的约束，家庭农场的规模扩大有限。小型家庭农场在机械化和标准化方面不具有优势，将难以应对公司化农场的竞争（周瑞明等，2014）。兼具农户家庭组织效率和规模化的经营优势，则需要考虑除了合作社、家庭农场以外的方式。

"公司+农户"实现了农户家庭生产和公司化经营的结合。在我国，"公司+农户"与农业市场化进程同步而生。从20世纪80年代正大集团将跨国经营业务延展到中国农业，到90年代国内开始兴起的"温氏模式"，公司辐射带动农户生产逐渐成为常见的规模经营实现方式。特定的产权关系与缔约活动是实现交易与合作的前提，农业规模经营组织也是如此。例如，形成合作社的是"共有产权"，成员之间是"互惠关系"。龙头企业、家庭农场需要流转土地、雇用一定的劳动力，而"公司+农户"则是以产品购销关系和订单合同作为基础。由于在激烈的市场竞争中，公司或农户毁约现象屡见不鲜（刘凤芹，2003），"公司+农户"虽然在各地多有实践，但是其组织稳定性并不高。

随着农产品种类以及市场环境的不断变化，简单的产权和契约关系难以应对复杂的交易。单纯的购销订单，以及公司与农户之间松散的关系，容易受到市场的冲击而解体。"公司+农户"作为一种现实可行的规模经营组织，需要超越双方合作的市场界面。本书认为"商品契约优于要素契约"的后继命题不妨是：如何不通过要素契约引入企业家才能，从而形成农业的规模化经营。进入 21 世纪，在各个领域中准一体化组织以及超市场契约已经不是个别现象（刘东，2003）。公司和农户的利益共同体既不同于合作社，也是与家庭农场或一体化的农业企业不一样的组织类型。"公司+农户"的超市场契约是不是一种专门、特殊的契约类型，以及超市场契约在农业规模经营实践中的适用性，值得进一步关注和研究。

1.2 研究出发点、研究对象和研究目的

本书研究的出发点是：如何将农户生产和公司经营相结合来实现规模经营。农户家庭经营在我国农业中具有基础地位，而且为数众多的小农户通常缺乏经营能力。小规模农户以单干的方式参与市场竞争，能获得的农业剩余不多。分散经营的农户没有足够的发展资金，风险承担能力较弱。农业先进的生产技术运用一般需要足够的投入，而且可能面临较高的风险。寄希望于通过小农户的分散经营推动农业技术进步不具有现实性，但是，农户家庭同时也是我国农业基本的生产组织。在家庭内部组织生产管理具有一定的优势，小农户有理由成为规模经营的生产单元。

在激烈竞争的市场中，涉农公司拥有农户不具备的市场发现、产品设计以及技术创新等企业家才能。但是，公司本身并不拥有土地的经营权，包揽农业生产和农业经营至少要具备土地流转与雇工劳动的前提。在土地、劳动具有稀缺性背景下，通过带动农户生产来壮大自身，不失为公司涉农发展的理性选择。保留农户生产的独立性，并且将公司经营能力引入农户家庭，也能实现农业的规模经营。这种生产与经营的分工合作方式具有"大规模经营+小农户生产"的特点，这正是本书所指的"公司+农户"。

本书的研究对象是"公司+农户"的组织优势、产权配置与有

效契约安排。公司带动农户发展，双方除了市场交易关系外，还有公司经营管理对农户生产的积极影响。这种既不是市场也不是科层的组织类型可以界定为"准一体化"。与一体化的家庭农场、龙头企业等不同，准一体化是以小农户独立生产为前提实现经营规模化的典型组织形式。能够与其他形式的规模经营组织并存，表明"公司＋农户"具有一定的组织特点和优势。与某种组织形式对应的是主体间一定的产权关系，"公司＋农户"组织也应该存在着特殊的产权结构。契约是促进交易的重要手段，在公司带动下的合作需要有效的契约支撑。因而，组织、产权与契约方面的特征构成了"公司＋农户"准一体化组织的概貌。

需要说明的是，本书所指的"公司＋农户"涵盖了"公司＋合作社＋农户"等包含中介的形式。但是对于各种合作社、基地等中介组织的作用及其对契约关系的影响，如果与农户提升生产效率没有直接关系，不拟做专门的研究。基本的考虑是，把合作社、基地等视为规模较大的生产单位，仍然可以将其置于公司引领规模经营的分析框架下。这种简化便于将视角聚焦在土地、劳动、资本等生产要素的规模经营和分工效率方面，并提炼组织产权和契约方面的抽象特征。对于在实践中已经出现的"家庭农场＋农户""综合性合作社＋农户"等其他不含中介的其他形式。虽然引领主体的称谓不同，但是从这些单个组织也具有较强经营能力角度，不妨也归结为公司经营与农户生产的分工结合。本书将包含农户的各种衍生形式抽象为广义的"公司＋农户"，并没有偏离研究出发点和主题。

本书的主要研究目的是厘清"公司＋农户"组织形成与发展的一般性逻辑。在我国，与公司签订购销合同是农户克服分散经营困难的常见手段，"公司＋农户"是由订单农业发展而来的。在简单的购销关系下，公司和农户的交易虽然具有了长期性，但是两者之间仍然属于市场联系。长期契约面临着市场价格波动的干扰，提高购销合同的履约率可能是双方加强合作并形成"公司＋农户"准一体化组织的主要原因。随着分工关系从单纯市场交换到准一体化，存在着产权结构的相应变化。尤其是，在公司带动农户背景下，土地经营权不能再是被农户完整拥有。产权关系的合理性在于能否促进资源的优化配置，进而提高生产经营的专业化程度以及生产效率。缔约活动以产权关系为基础，是实现交易的具体手段。在特殊的交易关系下，"公司+农户"组织存在着专门的契约安排和内容设计。通过本书的研究，可以初步构建"交易关系—产权配置—契约设计"的组织认知框架。

"公司+农户"组织是否适于实现规模经营，取决于特定的产权、契约关系能否有效地促进公司与农户稳定合作和生产发展。通过考察"公司+农户"的组织逻辑，能弄清这种组织形式在农业领域中大致的适用范围。而且，"公司+农户"是处于市场和科层之间的中间状态，组织的产权关系和契约内容并不是封闭的。随着市场环境和技术条件的变化，在某些领域已经存在的超市场契约的有效性将受到挑战。目前存在的"公司+农户"模式可能向着更加松散或更加紧密的组织形式过渡。相应的，公司带动农户发展的具体方式，需要遵循这种准一体化组织的一般性逻辑，对产权、契约关系进行调整和安排。基于本书的研究结论，可以提出"公司+农户"组织的发展方向和主要困难，并为政府精准扶持规模经营的政策提供参考。

1.3 研究思路和主要框架

1.3.1 基本思路与逻辑

本书的研究按照农业技术进步对规模经营的要求，农户家庭生产经营的效率，从简单的订单形式到"公司+农户"准一体化，规模经营准一体化方式的资本优势、组织特点以及产权配置，"公司+农户"超市场缔约活动等依次渐进的问题，展开从生产效率影响因素、产权交易的促进作用到契约设计的研究思路。

现阶段，加快农业技术进步的要求决定了实现规模经营的基本问题。规模经营能够优化资源配置，促进农业生产中增加资本投入。但资本深化只是农业发展的必要条件，增长并不总代表农业生产效率是提高的。农业发展和技术进步取决于资本投入过程中是否采用了更先进的生产技术，以及技术的利用效率如何。农业生产技术进步既要提高技术水平，增加既定投入下的最大可能产出；又要具有技术效率，尽可能缩短实际产出最大可能产出之间的差距。各种规模经营主体是资本投入和技术利用的组织载体。因此，规模经营实现方式涉及的两个基本问题是：什么样的组织具有技术效率？具有技术效率的组织能否具有较高的技术水平？

农户家庭是我国农业发展的基础性主体，有必要立足于农户生产经营状况来构建规模经营组织。考察小规模农户家庭在生产方式、经营管理等方面的特征，进而衡量农户家庭生产效率，是研究规模经营实现方式的逻辑开端。具体包括：家庭生产的专业化程度如何，为了实现特定目标采用何种技术手段，以及生产和经营活动在效率方面具有什么优势、劣势等。农户生产效率大小是衡量规模经营是否具有实际效果的尺度，农户家庭的技术效率是其成为规模经营生产单元的合理性所在，农户家庭的经营能力则是规模经营首先要解决的问题。对农户家庭生产经营状况的一般性考察，可以将宏观的技术进步问题引向如何通过规模经营促进农业发展的微观组织层面。

接下来，基于农户视角的规模经营组织与契约分析中，本书遵循从简单到复杂、从流通到生产、从事前到事后的研究顺序，考察"公司+农户"缔约方式的变化与准一体化组织的形成、剩余控制权的优化配置、超市场契约的事后灵活调整机制等主要问题。

考察规模经营的简单方式符合历史的逻辑，也有助于挖掘契约组织的一般问题。签订购销合同已经具有"公司+农户"的框架雏形，农户参与市场的方式不再是即时性的短期市场交易，而是通过长期契约与市场联结。订单农业的局限性在于大量的毁约现象，这与其背后的博弈关系有关。购销条款内容决定着订单博弈的基本结构，以及合作解的存在性和稳定性。可以考虑的是，当额外的条款加入契约时，博弈的结果是否向着合作的方向发展，双方形成的组织关系将如何变化。对此的研究可以解释准一体化组织形成的原因。

如果准一体化有助于提高履约效率，紧接着的问题是这种规模经营方式是否在农业领域具有普适意义。除了"公司+农户"准一体化组织以外，还有家庭农场、龙头企业等一体化组织。需要从资本深化和技术进步角度，通过不同组织类型的比较，阐述以准一体化方式加快形成农业规模化的理由。

准一体化组织介于市场和科层之间，可能兼具两者的优势。除了前面的普适性问题以外，稳定性是另一个组织的研究话题。需要分析准一体化中公司和农户的特殊组织关系，以及相应的节约交易成本的优势，以此解释准一体化组织效率带来的稳定性。稳定的组织不仅是促成交易的平台，还具有生产合作的功能。支撑"公司+农户"组织关系的是特定的产权结构。这种准一体化组织中存在什么样的交易和产权关系，如何通过产权配置激励专用性投入，进而提高生产效率，决定着"公司+农户"能否实现最大的合作收益。

具体的契约设计，既体现特定的产权结构，也与组织关系相匹配。一方面不同的产权结构通过契约中的权利义务条款得以表现，规定着双方在生产经营具体活动中的控制或协商关系；另一方面，契约内容和条款设计是为了达到产权交易的经济目的，即剩余控制权的分配。因而，研究准一体化的缔约活动实际上是考察这种组织的具体实现过程。与前述准一体化组织关系和产权研究侧重点保持一致，"公司+农户"契约分析的重点是契约类型划分、契约的适应性与治理以及价格等关键内容的决定因素。通过超市场契约研究，可以得出"公司+农户"模式在农业领域中的具体适用范围，概括公司与农户合作博弈关系的本质，以及契约定价的一般逻辑。

第 1 章 导　　论

本书从农户家庭生产经营的特点开始带动式规模经营的契约组织研究，落脚点放在"公司+农户"组织的发展问题上。公司和农户基于超市场契约实现长期合作的前提是存在着合作收益。影响合作收益大小的主要因素包括外部市场环境、公司经营能力以及农户生产效率等，这些方面构成组织稳定发展的制约条件。运用前面研究的相关结论，进一步分析"公司+农户"组织发展的基础和现实困难，可以为政府制订更有针对性的扶持农业规模经营政策给出一些建议，同时也能提供进一步研究的方向。

1.3.2　本书的结构安排

第1章导论主要介绍选题的现实背景和意义、理论基础、基本思路和结构安排、可能的创新之处以及存在的不足。本书主要从产权和交易成本视角进行组织契约研究，所以并没有对新制度经济学包罗万象的成果进行罗列，而是在理论基础部分，结合选题对组织、产权、契约等相关研究做出思想脉络的梳理。

第2章首先阐述我国现代农业发展的关键目标是同时提高劳动生产率和土地产出率，并考察了农业产业化实践以来的技术进步状况。近十几年来，我国农业存在着资本深化和技术进步现象，但是，劳动产出率、土地产出率同步提升的局面尚未形成。这种状况与资本和技术投入并不偏向土地产出率有关，更重要的是受到技术效率的影响。一般认为，农户家庭生产具有较高的技术效率，能实现既定技术水平下的最小投入最大产出。在市场化的冲击下，农户家庭生产具有兼业特征，家庭生产中的要素配置方式和技术选择正在变化。通过蔬菜种植户调查和数据分析，可以验证和归纳农户家庭的生产和经营特征。本章的结论包括：发展现代农业有必要以富有技术效率的微观组织生产为基础，在规模经营下全面提高农业生产效率。小规模农户家庭是富有技术效率，但是缺乏先进技术手段的经济组织，农户是各种规模经营组织的基本单元。农户面向市场的经营能力较差，不仅使家庭的生产积累较慢难以形成有效的技术投入，而且技术效率也可能降低。规模经营要首先帮助农户解决生产什么、生产多少的问题。

第3章研究规模经营的初级形式，即订单农业的形成、发展。签订购销合同是农户分散经营"被规模化"的简单方式，订单农业履约率不高限制了合作的长期性、稳定性，订单关系难以形成严格意义上的组织。契约价格不变和市场价格波动并存是毁约的直接诱因，两者共同决定了成本和收益函数，以及公司与农户的博弈结构。毁约则是其中一方在博弈中适应环境变化的理性行为。提高订单契约可自我实施的手段主要是基于改变博弈结构，在合同中加入适当的条款，如现金抵押、专用性投入等。由本章的分析可知：在市场波动的环境中，提高履约率促进合作不能寄希望于抵押或单方专用性投入，有效的手段是双方都"带着专用性资产"进行博弈。在这种情况下，博弈关系从非合作状态开始具有了双边依赖的倾向，并形成了"公司+农户"准一体化组织。

第4章是对准一体化规模经营组织方式普适性的理论研究。本章的立足点是规模经营的目的在于转变农业发展方式，促进农业生产技术进步。衡量规模经营实现方式是否适合，首先要看能否通过分工和组织，加快农业生产中的资本深化。现阶段，家庭农场、"公司+农户"都是以农户本身为生产主体的规模经营组织。家庭农场发展现代农业主要依靠资本集聚方式，而公司带动农户则是包括设备、土地等在内的资本集中。把马克思关于社会化大生产中资本积累的原理运用我国农业发展的实践，本章的结论是："公司+农户"组织在资本深化数量、速度方面具有家庭农场难以比拟的优势。而且，准一体化的农业分工关系具有更大的广度和创新空间。虽然是一种中间状态的组织类型，但"公司+农户"的确是符合国情的规模经营实现方式。

第5章主要分析"公司+农户"的组织优势，研究组织的产权交易和剩余控制权配置效率。因为产权具有投资的激励效应，本章的

第1章 导　　论

分析实际上延续了第4章的资本深化话题,具体考察资本集中的产权关系支撑。与订单方式不同,准一体化组织中公司与农户不再是完全独立的市场交易关系,存在专用性投入意味着双方的合作从流通领域扩展到生产环节,具有更丰富的交易和组织关系。不仅如此,形成准一体化的是特殊的产权结构,即农户经营权的部分让渡。"公司+农户"是"无需土地流转的规模经营",这与其他类型的规模经营组织截然不同。本章首先考察准一体化产权结构的特点及其意义,然后从激励事前投资角度,在不完全契约约束下,分析有效的剩余控制权配置方式。本章的结论有:在准一体化方式下,公司和农户之间基于部分经营权让渡形成"主从关系",这种特殊的组织内部关系有助于节约市场的、管理的交易成本。随着公司和农户各自生产决策对于双方收益影响的不同情况,"公司+农户"准一体化程度在一定范围内变动。

第6章是重点考察"公司+农户"超市场缔约活动的适用性和契约条款安排。准一体化组织中存在着主从关系,双方的缔约方式将不同于市场和科层,公司和农户是通过超市场契约实现持续的交易。相对于古典契约和新古典契约,超市场缔约活动更适于针对复杂的交易环境。农业生产经营面临着不确定性,非标准化、经常性的农产品交易将受到机会主义行为的潜在干扰,难以保证交易的连续性。超市场契约因为遵循开放的、框架式缔约原则,对于交易环境的变化具有较强的适应性,有助于维系双方的合作关系。如何在不确定性的约束下,防范机会主义的同时,调整交易数量、保障产品质量、调节价格和利益分配是超市场契约条款设计的主要问题。本章的结论包括:"公司+农户"组织和超市场契约在农业领域中的适用范围是双方交易至少涉及以下的因素之一:农作物属于特殊的品种,生产经营中需要专门的知识和技能,使用专用的机器、设备,以及农作物成熟期相对较短等。在不确定性条件下,超市场契约的适应性来自数量、质量、价格方面可以灵活调整并且减少双方争议的条款设计。价格是契约的核心条款,超市场契约的典型定价方式包括保底收购、高进高出和利润分成。超市场契约定价具有调节实际成交价格大小的功能,而且能体现双方的合作博弈关系和利益共享原则。

第 7 章是全书的结尾部分。本章关注"公司+农户"组织的发展问题。合作收益是"公司+农户"组织形成和发展的物质基础。由于源头管理涉及农资市场波动,以及生产资料研发的风险,"公司+农户"完全内生化发展存在困难。农户生产运用先进的技术需要相应的实物资产投入,这通常是小农户没有能力而公司又不愿承担的。本章提出的政策建议是:正是公司的引领实现了规模经营,带动者需要被带动。政府对公司的源头管理以及农资创新活动予以扶持,能够提高财政助农的精准性。先进的机器、设备等是技术要素进入农业的体现,政府可以考虑从农地产权制度创新、集体经济组织重建以及工商资本涉农的"甄别"等方面,促进农户生产中的实物资产投入。

根据研究对象和研究目的,本书基本思路和结构安排如图 1.1 所示。

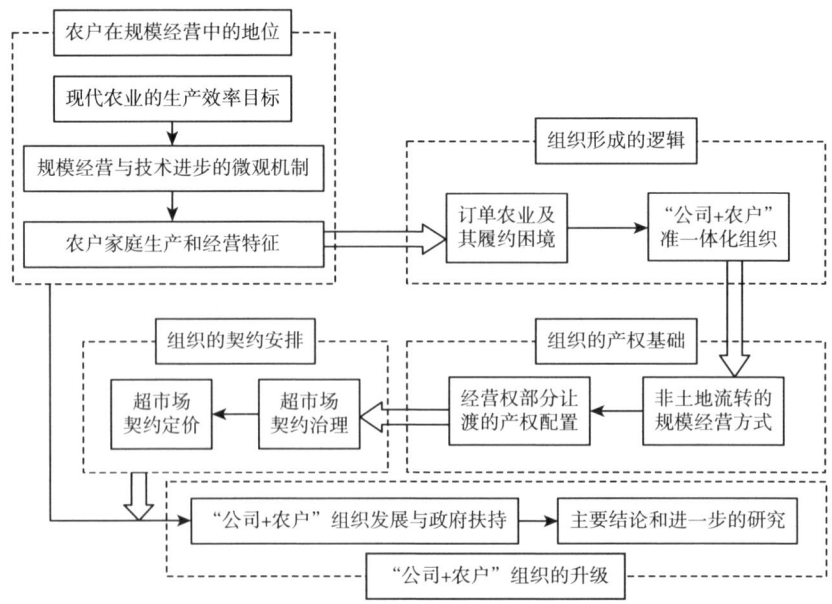

图 1.1 本书的逻辑思路和主要内容安排

第1章 导　　论

1.4　本书主要研究方法和理论运用

1.4.1　交易成本经济学范式

本书是对交易成本分析方法在农业领域中应用的一个尝试。按照威廉姆森（1985）的理解，经济组织的基本问题是为了达到某种特定目的如何进行缔约活动。以农户为基本单元的规模经营组织选择问题，同样要遵循交易成本和生产成本节约的逻辑。

交易成本经济学方法注重微观层面的分析，可以使规模经营组织的研究立足经济主体的生产经营活动，更加具体地考察组织的专用性资产、潜在的机会主义行为以及治理的细节问题。而且，作为新古典经济学的重要分支，交易成本经济学普遍运用比较静态分析方法。通过不同组织形式的比较分析，也能对某种规模经营组织的适用性进行更合理的解释。

1.4.2　产权理论与分析方法

如果说节约成本是组织形成的原因，那么产权则是组织形成的基础。借用科斯的话，不妨这样理解：有效率的经济组织将是中国现代农业崛起的主要原因。规模经营组织的产权安排问题是，把权利配置给那些能够最富有成效地使用它们的人，并且有激励引导他们这样做（科斯，1992）。

与交易成本经济学主要分析事后治理不同，以格罗斯曼—哈特—摩尔（G-H-M）模型为代表的产权观点以不完全契约为前提，考虑如何以适当的产权配置方式来激励事前投资。在规模经营组织中存在着各种专用性资产，这些资产对于提高效率具有重要意义。交易成本经济学通常假设已经存在着专用性，研究在机会主义的影响下的契约治理方式。作为契约分析的前置问题，能否发生专用性投入，以及投入是否存在扭曲，则要运用产权理论和方法进行研究。

1.4.3 博弈论

在规模经营实践中，公司与农户之间存在着竞争与合作的背景。双方分别位于产业链的上下游，成本和收益相互影响，其中一方节约成本可能导致另一方收益减少。同时，也存在着双方都得益的可能性。因此，"公司+农户"组织内部存在博弈关系。

博弈论研究经济主体如何在互动的环境下决策。合作博弈与非合作博弈是博弈论两大分支。公司或农户的毁约现象发生在"囚徒困境"式的非合作博弈情境下。考察"公司+农户"组织的形成适于运用非合作博弈分析方法，理解不合作的原因，才能解释合作的有效途径。分析"公司+农户"的组织逻辑则需要合作博弈方法，这是因为公司与农户之间的确订立了明确合作关系的契约。而且，公司与农户围绕着契约定价进行收益分享，既是"公司+农户"模式的特点，也是合作博弈的关键问题—利益分配的具体表现。

1.4.4 案例研究与调查

案例分析是产权和契约理论研究中，针对交易差异化的常用方法。契约组织在类型、关系等方面不具有自然科学对象的连续变化属性，案例分析与离散的产权、组织结构相对应。案例方法遇到的主要问题是，如何从单一的案例归纳出一般性的结论。因此，案例适合于成为理论的佐证和辅助，不能替代理论推演本身。本书主要通过案例引导将组织与契约理论应用于农业领域，对案例进行逻辑归纳的主要目的是提供理论演绎的思路。

新案例的发现主要来自调查。案例调查可以提供同一研究视野中的不同现象,形成与已有案例的对照。按照可证伪性,新的案例本身是对猜想和命题的一种验证。而且,新的案例中存在已有概念的再现,有助于对组织契约问题进行模型化的解释。此外,一般的统计数据难以揭示微观组织的运行状况及其绩效,由调查获得的数据可以弥补这方面的不足。

1.5 可能的创新之处和不足

1.5.1 可能的创新

第一,研究视角和分析框架。

本书把农业经营规模化作为实现农业技术进步的微观机制,并且立足于农户家庭技术效率优势探讨规模经营的组织问题。紧扣农业生产效率提升的目标,将"公司+农户"视为一种新型规模经营主体,对其规模化的外在表现和特征以及内在组织机理进行了全面的研究。

第二,缔约问题的细化研究。

本书在已有的超市场契约性质、表现等相关研究的基础上,进一步分析并给出超市场契约在农业领域的具体适用范围。围绕着合作收益分配的调节,概括和比较了超市场契约主要定价方式的特征。基于双方的合作博弈关系,提出公司和农户均等分享合作净收益的超市场契约定价原则。

第三,博弈论模型构建与产权模型拓展。

本书构造了随机结束的非合作重复博弈模型,通过比较不同参数对博弈解的影响来考察订单合同的演化与准一体化组织形成;设计了一个合作博弈讨价还价模型,用以解释超市场契约框架式定价方式的逻辑。在经典的格罗斯曼—哈特—摩尔(G-H-M)产权模型中引入准一体化的内容,在原来模型的非一体化和一体化"二分法"产权结构类型中,添加准一体化下的剩余控制权配置方式,用以阐述经营权部分让渡的效率。

1.5.2 本书的不足

第一,本书中的案例主要选自相关文献中出现频率较高的典型现象,笔者现场访谈的案例不多,对"公司+农户"契约关系的挖掘深度不够。此外,由于调研能力限制,未能发现物质资产专用性投入方面的新现象,在全书结尾部分的分析不深入、不充分。

第二,农户调查对象大部分是小规模单干的经营户,缺少农户参与规模经营组织的大样本数据,对于所设计的理论模型未能进行回归分析检验。

第三,由于本书关注逻辑的一贯性,更主要因为作者水平有限,社会资本、非正式制度等因素对于契约组织的影响未及考虑,存在着过于简化之嫌。

"公司+农户"
准一体化机理与
超市场契约定价
Chapter 2

第2章 基于农户生产效率的农业规模经营

我国农业正处在从传统农业向现代农业过渡阶段。现代农业是指应用现代科学技术、现代工业提供的生产资料和科学管理方法的社会化农业。发展现代农业一方面是农业生产的物质条件和技术的现代化，利用先进的科学技术和生产要素装备农业；另一方面是农业组织管理的现代化，提高农业生产社会化程度，以专业化、商品化生产代替自给自足的生产。在此过程中，农业生产技术水平和生产效率不断提高。

改革开放以来，传统劳动"过密型""内卷化"生产方式正经历着"去内卷化"和"资本化"过程，逐渐跳出传统农业"只有增长没有发展"的陷阱（李谷成，2014）。我国农业总体上开始进入以技术进步为特征的发展轨道。进入21世纪以来，资源环境状况、国内外市场竞争进一步对于农业生产效率提出新的要求，农业现代化进程需要明确技术进步的主导方向。而且有研究表明，我国农业中存在着技术进步与农业效率损失并存的现象（陈卫平，2003）。实现农业技术进步和效率提升离不开有效的微观机制。

影响全要素生产率的因素包括物质装备、技术手段等内容。因此，以技术进步推动农业生产效率提高，同时也是不断增加资本投入的过程。在这方面，众多农户家庭的小规模分散经营制约了农业的资本深化。农业发展需要以规模经营来促进技术进步。但是，规模经营不能简单地否定农户家庭的生产经营活动。目前，虽然家庭农场在各地都有所发展，也不乏成功的案例，但大规模的统一生产、统一经营方式需要大面积、稳定的土地流转，而作为土地经营权转让的前提，劳动力大量移出农业的条件尚不具备。户均不足10亩地的小规模农户家庭生产仍将是我国农业发展的基础。

如果说某种规模经营方式能够优化生产要素配置，这就意味着它比分散经营的农户家庭可以实现更高的生产效率。小规模农户家庭的生产效率是探讨规模经营实现问题的逻辑起点和参照。已有研究对于小规模农户具体生产方式和技术效率的考虑不多。现阶段，小规模农户家庭的生产目标是什么？选择什么样的技术手段？农户家庭的生产效率如何？本章将探讨现代农业技术进步的微观实现机制，并且以调查资料为基础概括小农户的生产经营特征，阐述农户家庭在实现规模经营中的重要作用。

2.1 现代农业的"效率双升"与土地产出率先导

发展现代农业的关键在于转变农业增长方式，由主要依靠投入增长推动转向主要依靠全要素生产率推动。发达国家在发展现代农业中，根据本国的资源禀赋状况，选择了不同的路径以及相应的主导农业技术。

第二次世界大战前，人地关系宽松的美国农业以机械技术运用、劳动生产率较高为特征；而土地相对更加稀缺的日本则普遍采用生化技术，提高土地的产出率。20世纪70年代后，随着农业用地、农业劳动力的变化，两个国家不约而同地重视适用型农机、优良品种等多元化农业技术，兼顾技术在节约劳动和节约土地方面的作用。1992~2008年，美国农业劳动力人均谷物产量从58973公斤提高到73638公斤，谷物单产从每亩358公斤提高到417公斤；日本从人均2188公斤提高到3984公斤，亩产从392公斤提高到441公斤[1]。发达国家农业发展水平表明，劳动生产率和土地产出率"双高"已经成为现代农业的重要标志[2]。

我国农业发展正面临着土地和劳动力同时减少的双重约束。农业耕地面积从1996年的19.5亿亩逐年递减，到2011年降低为18.2亿

---

[1] 根据历年《中国农村统计年鉴》中"国外主要农业指标"的数据计算。

[2] 本书考虑的耕地不仅用于种植业，也包括养殖业。因而在分析中，土地产出率是指产值概念。劳动生产率也是产值意义上的，因为产值对于劳动力流动的影响更为显著。

亩。农林牧渔从业人员数量从 1996 年的 3.2 亿人，下降到 2011 年的 2.7 亿人。农林牧渔劳动力在总人口中占比从 1996 年的 26.4% 下降到 2008 年的 20.4%，具体见图 2.1。

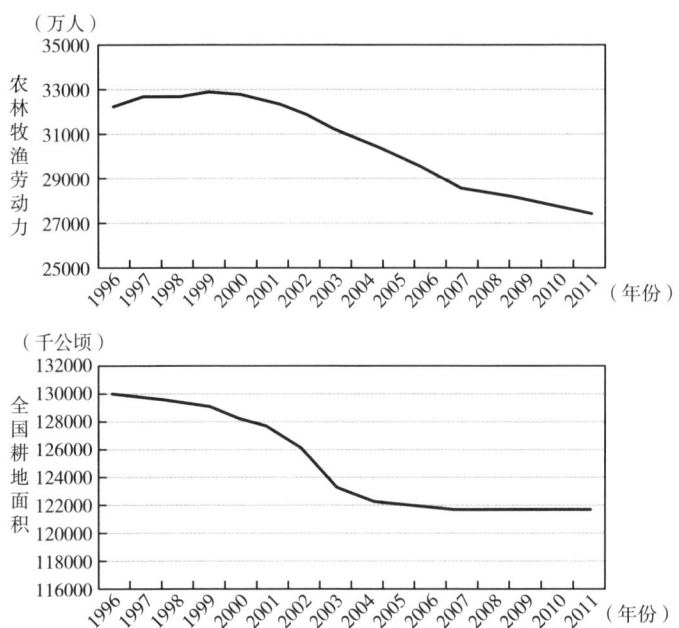

图 2.1　1996～2011 年全国农林牧渔劳动力和耕地面积的变化
资料来源：历年《中国农村统计年鉴》、CNKI《中国经济与社会发展统计数据库》。

目前，耕地面积减少的状况有所改善，但是随着人口的增加，人均耕地仍然有下降的趋势。同时，城市化进程继续吸纳农村劳动力转移出农业。一方面，耕地总面积减少或者人均耕地减少，意味着需要不断提高土地产出率才能满足社会经济发展对农产品的总量要求。另一方面，在农业人口占比减少的背景下，如果不能提高劳动生产率，以少数人养活更多的人将变得困难。而且，由于农村劳动力就业可以选择收益较高的工商业领域，较低的劳动生产率难以保障农业发展所需要的劳动力。农业发展本身对劳动生产率提出要求。土地产出率和劳动生产效率"双升"成为我国农业发展的现实目标。

1996 年以来，"双升"的局面尚未形成。土地产出率、劳动生产率下降的年份不多，下降幅度也不大，总体上具有提高的趋势。在两者都提高的年份里，劳动生产率上升的速度快于土地产出率，具体见图2.2。

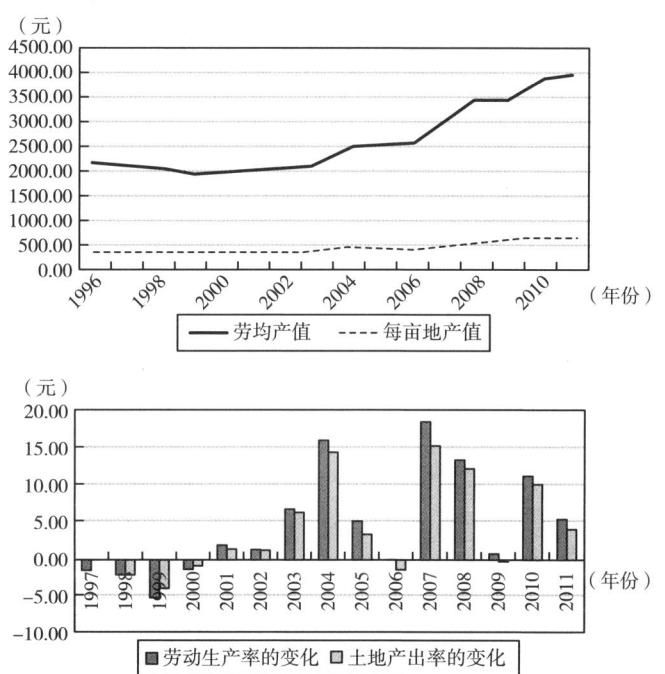

图 2.2　1996～2011年农业劳动生产率、土地产出率的变化
资料来源：历年《中国农村统计年鉴》、CNKI《中国经济与社会发展统计数据库》。

土地产出率和劳动生产率存在基本的换算关系，即土地产出率与劳均土地的乘积等于劳动生产率。在劳均土地稳定的条件下，土地产出率与劳动生产率同方向变化，提高土地产出率和提高劳动生产率的效果是等价的。

如果劳均土地下降，土地产出率与劳动生产率将"一高一低"的变化，内卷化现象即是如此。传统农业建立在自给自足的农户家庭基础上，家庭生产以劳动投入为主，家庭生活必需的一定农产品，需要通过生产中投入大量劳动来实现。如果家庭耕种土地不变，较多的劳动投入将使其边际报酬处于递减状态。为了给增加的劳动分配更多的产品，在劳动边际贡献减少的条件下，需要进一步追加劳动投入。

由于劳动大量投入可以实现精细操作，有利于农作物生长，因而土地单产较高。但是，土地单产的增加不能抵消劳均土地的不断下降，劳动生产率仍然是下降的。

当劳均土地增加时，情况恰好相反。劳动生产率的提高可以在土地单产没有变化，甚至是下降时发生。改革开放以来，劳动生产率有所提高，也主要是在土地要素数量有限的条件下，剩余劳动力转移以后产生的效应，而不是农业部门技术进步所产生的效应（洪银兴，2008）。1996~2011年，每个农业劳动力平均使用的耕地面积总体呈现上升的趋势。从数量关系上看，这是引起劳动生产率增长优先于土地产出率的主要原因，具体见图2.3。

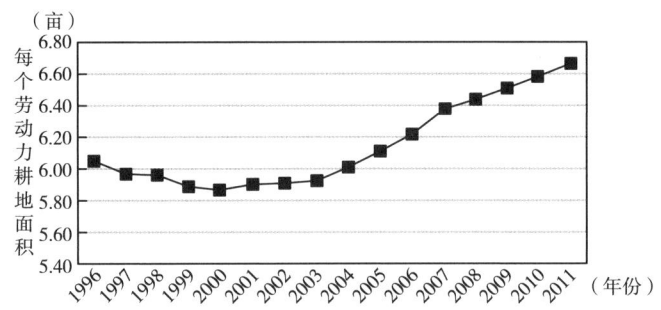

图 2.3　1996~2008 年劳均土地的变化
资料来源：历年《中国农村统计年鉴》、CNKI《中国经济与社会发展统计数据库》。

人地关系约束的松弛，表明农业发展整体上处于"去内卷化"阶段，有利于提高劳动生产率。但是，劳动生产率持续提高不能总是依赖于宽松的劳均土地条件。因为，只要农村劳动力还在城乡之间流动，劳均土地指标就存在着波动，没有理由认为人地条件会一直宽松下去。此外，人多地少一直是我国农业发展面临的禀赋条件特征。劳均土地面积的提高主要通过劳动力转移来实现，这将受到城市化水平的限制。当城市发展不再能大量吸纳农村劳动力时，农业的人地关系将不再继续宽松。

因此，不断提高土地单产水平是实现劳动、土地生产效率"双升"的必要条件。在农业"去内卷化"过程中,提高土地产出率已经不能依靠大量劳动的不断投入来实现,现代农业需要借助技术进步的贡献来改造传统农业。

发达国家的农业现代化历程已经表明,技术进步是应对资源禀赋条件限制,促进农业发展方式转变的重要手段。传统农业之所以具有"内卷化"特征,深层次的原因是技术进步缓慢。格尔茨(Geertz,1963)最早使用"内卷化"概念来描述印度尼西亚农业:由于缺乏资本,土地数量有限,无法将农业向外延扩展,致使劳动力不断填充到有限的水稻生产中。由于农业技术水平落后,劳动、土地都缺乏技术上可替代或互补的生产要素。农业增长依靠粗放式的劳动投入,农业生产中的要素替代只限于劳动和土地相互之间,因而两者的单维度效率存在着此消彼长的关系。

现代生产要素进入农业,是摆脱"没有发展的增长"的途径。科学技术有效地运用于农业能够同时提高土地产出率、劳动生产率。并且,土地产出率与劳动生产率的因果关系正在改变。农业处于"内卷化"发展状态时,过多的劳动投入实现人工的精耕细作,劳动生产率下降是土地产出率提高的代价。农业处于人地关系宽松状态,土地产出率提高可能既不是劳动生产率变化的原因,也不是劳动生产率提高的结果。但是,以技术进步促进农业发展,提高土地产出率即等于提高了劳动生产率。因此,对于我国发展现代农业来说,土地产出率有必要成为提高农业综合生产效率的主导因素。

2.2 现阶段农业技术进步与效率特征

2.2.1 农业生产效率的 DEA 分析

影响土地产出率的因素可以归结为单位土地上投入的劳动、资本数量以及技术因素的作用。土地产出率提高中剔除单位土地上劳动、资本投入所做的贡献,余下的部分可以视为技术进步的结果。因此,可以选择非参数前沿面 DEA 方法来考察农业技术进步率及其分解,DEA 估算的对象是马奎斯特(Malmquist)生产率指数。

Malmquist 指数能够测算全要素生产率 TFP(total-factor productivity)的变化,是 Caves、Christeren 和 Diewert(1982)在 Malmquist(1953)距离函数概念的基础上建立起来的专门指数。利用 Malmquist 指数可以确定全要素生产率变化的两个不同来源:技术创新带来的技术边界变化和对最佳实践边界的追赶带来的技术效率增进。当 Malmquist 指数超过 1 时,表明生产率增长;当 Malmquist 指数等于 1 时,表明生产率不变;当 Malmquist 指数小于 1 时,表明生产率降低。

本章分析农业技术进步和效率状况,使用 1997~2011 年中国 31 个省、自治区和直辖市的农业投入和产出数据。时间起点选择的理由是 1997 年农业产业化开始在中国全面实践,截止点 2011 年能覆盖农村税费改革、《专业合作社法》颁布实施等重要农业发展大事背景。研究农业技术进步的主要指标如下:

指标 1:农业总产出。1996 年作为基期,以不变价格计算的农林牧渔总产值。

指标 2:土地。以可耕地面积计算而不是以总播种面积计算。播种面积只涉及了种植业,与农林牧渔的产值口径不一致。此外,总播种面积核算中已经包含复种指数的影响,而复种指数是受到技术进步作用的,在土地投入的数量指标中需要剔除技术因素。

指标 3:劳动。以乡村年底农林牧渔从业人员数量作为劳动力的衡量指标,不包括农林牧渔服务业的人员。

指标 4:机械。以农业机械总动力来计算,即用于农、林、牧、副、渔业的主要动力机械的动力总和,包括耕作机械、排灌机械、收获机械、运输机械、植物保护机械、牧业机械、林业机械、渔业机械和其他农业机械。不包括专门用于乡办工业、基本建设、非农业运输、科学试验和教学等非农业生产方面的动力机械与作业机械。

指标5：化肥。实际用于农业生产的化肥量，包括氮肥、磷肥、钾肥和复合肥。

指标6：农药。用于防止农林牧业病、虫、草害、鼠害和其他有害生物，控制作物生长的调节剂、提高药剂效力的辅助剂、增强剂等，是重要的农业生产资料。以总的施用量计算。

指标7：农用塑料薄膜。主要是农业生产中为保护植物水分流失使用的各种塑料薄膜数量。

指标8：基础设施。按农业有效灌溉面积来衡量。即具有一定的水源，地块比较平整，灌溉工程或设备已经配套，在一般年景下，当年能够进行正常灌溉的耕地面积。其中，由于雨水及时或所种作物不需要灌溉等原因，当年没有进行灌溉的，已经统计为有效灌溉面积。

在上述指标中：指标1用于衡量产出水平，指标2～指标8是投入。指标4～指标8是可以作为技术进步载体的资本投入，指标2用于计算每单位土地的产出和投入。以上大部分指标数据来自历年《中国农村统计年鉴》。部分年份的有效灌溉面积选自《新中国60年统计资料》。由于土地普查数据公布的上一个节点是2008年，耕地数据在全国性的统计年鉴中缺失较多，本章利用中国知网（CNKI）的《中国经济与社会发展统计数据库》，其中的数据主要来自各地区统计年鉴、有关研究报告等。对于乡村农林牧渔从业人员数量，2009年开始没有专门的统计数据，包括《中国农村统计年鉴》在内的各类年鉴中只有第一产业从业人员。本章对于2009年、2010年的农林牧渔劳动力的处理方法是，以2007年、2008年的第一产业与农林牧渔劳动力的平均比例为依据，把第一产业劳动力估算为农林牧渔从业人员数量；由于2011年各地普遍缺失第一产业从业人员数，以前几年的数据为基础采用插值法和外推法得到。西藏1997年的农业机械总动力没有统计，以前后两年的算术平均值来代替。

具体测算过程是,首先计算全国31个省、自治区和直辖市的农林牧渔 Malmquist 生产率(全要素生产率),然后运用几何平均法得到全国总体的全要素生产率的增长情况,以及生产率构成。计算结果见表2.1(表中 TECH 是技术变化;EFF 是技术效率变化)。

表2.1　1997~2011年全国农林牧渔 Malmquist 生产率指数及其构成

时期	Malmquist 指数	TECH 指数	EFF 指数
1997~1998	0.925	0.942	0.982
1998~1999	0.904	0.968	0.933
1999~2000	0.957	0.906	1.056
2000~2001	0.983	1.001	0.981
2001~2002	0.950	0.902	1.053
2002~2003	1.043	1.043	1.000
2003~2004	1.077	1.069	1.008
2004~2005	0.982	1.008	0.974
2005~2006	0.993	1.005	0.988
2006~2007	1.057	1.042	1.014
2007~2008	1.055	1.072	0.984
2008~2009	0.985	0.972	1.013
2009~2010	1.064	1.074	0.991
2010~2011	1.082	1.097	0.987
1997~2004	0.975	0.974	1.001
2005~2011	1.030	1.038	0.993
1997~2011	1.002	1.005	0.997

1997~2011年的14年间,农林牧渔业土地单产的平均增长率为4.15%,而全要素生产率的增长只有0.2%。农业技术进步对农业生产效率的贡献只有不到5%。但是,这并不代表现阶段农业发展中没有技术进步的作用,而是因为农业生产效率变化经历了两个显著不同

的阶段。1997~2004年，全要素生产率、技术进步指数年平均是负增长，技术效率的年平均增长率大于0。而2005~2011年的情况刚好相反，技术进步率年平均3.8%，全要素生产率年平均增长3%。技术效率年平均是负增长，拉低了全要素生产率。由于缺乏农业生产效率的支撑，1997~2004年农林牧副业土地单产的年平均增长率只有大约2.19%。但是，2005~2011年则不同，土地单产的年平均增长率达到6.11%，其中49%以上是生产率水平提高的结果。

1997~2004年，全要素生产率的增长峰值是2003~2004年7.7%，是技术进步和技术效率的双重作用。2005~2011年的峰值与之不同，2010~2011年的8.2%主要来自技术进步的作用，而技术效率偏低。总体上，我国农业发展已经初步呈现技术进步推动的特征。目前，技术进步加快的趋势明显，而技术效率在低水平徘徊则成为促进农业发展的约束，具体可见图2.4。

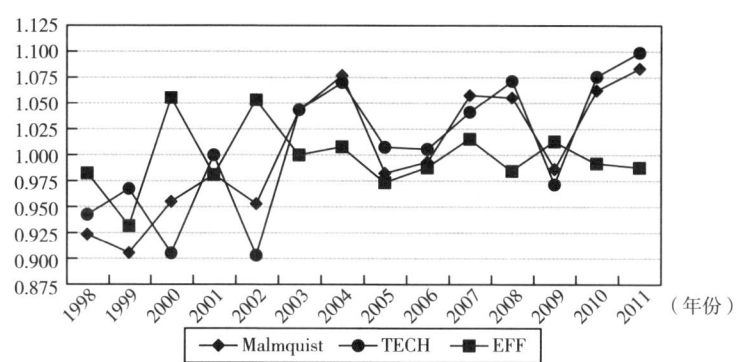

图 2.4　1997~2011年全要素生产率的构成及其变化趋势
资料来源：历年《中国农村统计年鉴》、CNKI《中国经济与社会发展统计数据库》。

2.2.2　提升农业生产效率的微观机制

资本是技术的主要物质载体，技术进步促进农业生产效率依赖于资本的投入。在1997~2011年农业发展中，每单位耕地上劳动力数量具有倒"U"形特征,主要资本品的投入则不断上升(见图2.5)。以2004年为分界线,1997~2004年的农业生产发展主要以劳动投入为主,技术方面的投入不多。每单位土地上劳动投入仍然不断增加,但是增速放缓。与此同时,包括机械、灌溉在内的资本投入增速不明显。其结果是1997~2000年劳动生产率、土地单产水平都是下降的。这一阶段既不属于传统农业的"内卷化",也不具有现代农业的表征。随着2004~2011年资本投入的不断增加,尽管在此期间劳动投入不断减少,劳动生产率、土地单产只是在2006年负增长,其他年份提高显著。对比这两个阶段可知,我国现阶段农业生产效率提高是单位土地上资本投入,即资本深化的结果。

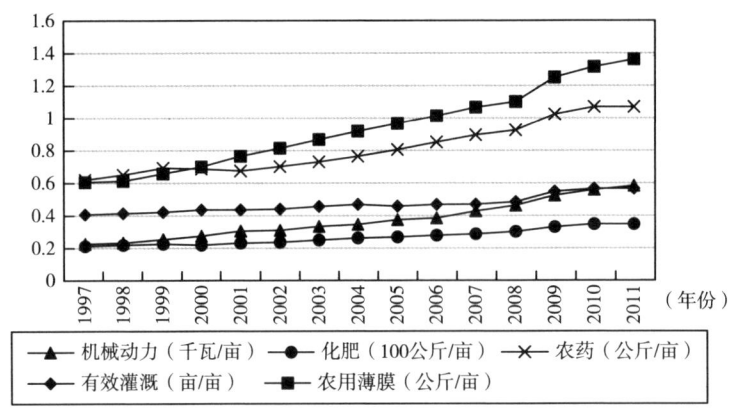

图2.5 1997~2011年农业生产中资本深化的主要表现
资料来源:历年《中国农村统计年鉴》、CNKI《中国经济与社会发展统计数据库》。

现阶段,资本深化虽然促进了农业综合生产率提高,但对劳动和土地的影响是有偏的。劳动生产率的增长相对快于土地单产率,这与资本投入的物质结构有关。自2000年以来,单位土地上农药和农用薄膜的使用量增加相对较快,化肥和有效灌溉面积方面的投入略有增加,机械总动力的提高幅度居中。必要、适当地使用农药和薄膜技术,可以提高田间管理的功效,而且能促进产量增加。但是,农药残留、废弃薄膜毕竟对于作物本身、土壤环境存在负面影响,过多地使用对于产量不利。化肥也属于生化技术投入，化肥的使用存在着与农药类似的效果。增加有效灌溉面积可以提高粮食、果蔬等作物的产量，这方面的投入不足则限制了土地单产的提高。机械动力水平虽然不断提高，但构成总动力的主要是中、小型拖拉机，联合收割机的数量增加有限。中、小型拖拉机的主要作用在于替代劳动，不像联合收割机对产出有积极的作用。与国外现代农业发展相比，能促进土地产出水平的技术投入不多。以良种为例，需要提高良种的培育和推广使用，不仅直接能提高产量，还可以节省农药的施用量。农业生产进步虽然需要有足够的投入，但不能依靠消耗大量不可再生能源，而是要走绿色革命的道路（洪银兴，2008）。

自 2005 年以来，农业存在技术进步同时也有效率损失的现象表明，农业技术推广、运用的效果不理想。现代技术进入农业不仅需要适当的资金投入，还要提高目前相对较低的农业技术效率。能否在资本深化中实现技术进步，取决于资本投入的微观主体和生产经营的组织方式。促进农业技术进步的生产效率的微观机制在于，使其能够有效使用技术的微观主体获得必要的先进技术手段。

在人地关系没有根本性转变的背景下，小规模、兼业农户家庭仍然是我国农业的基本生产单位，而为数众多的小农户一般并不具备技术投入的资金或信贷条件。农业规模化是实现资本积累和技术进步的必要条件，相应的投资主要来自以龙头企业为代表，从事公司化经营活动的涉农主体。但是，农业规模经营不等于规模化生产。由于影响农业生产劳动成果的因素复杂、监管困难，由公司实现大规模的统一生产管理，难免有损技术利用的实际效果。

农户家庭生产中不存在公司经常遇到的委托—代理问题。家庭成员目标一致，生产操作不需要专门的监督和管理就足以保证一定的生产积极性。规模经营是对分散经营的扬弃，不是简单否定处在传统和现代农业之间的农户家庭。农户家庭在生产和经营方面的特征，决定了其在现代农业规模经营中的应有地位。

2.3　农户家庭的生产与经营特征

自家庭联产承包制以来，随着农产品商品化程度提高，农户家庭生产不再仅仅是满足自身的需要，而是用于市场交易。土地、劳动力等生产要素的市场化以及成本显现，进一步促使农户家庭生产从追求产量转向追求更大的产值。在生产目标以及要素资源状况变化的背景中，农户家庭的生产方式正经历着从传统农业到现代农业的转化。

2.3.1　农户家庭的传统生产方式：劳动型精耕细作

精耕细作是对中国传统农业生产技术的一种概括，它以劳动密集为特征。细致的田间管理有利于作物的生长，提高单位土地上的产量。因而，依靠大量劳动投入的精耕细作，具有较高的土地产出率。由于农业生产的自然属性，土地和劳动属于互补的要素，劳动投入不能替代土地的增加。在同一块土地上连续增加劳动，土地与劳动的数量关系会逐步偏离两者在既定技术下的最佳比例。劳动型精耕细作虽然能提高土地单产，但是随着越来越多的劳动作用于同一块土地，产量增加的数量将小于劳动的追加投入，引起劳动的边际报酬递减。因此精耕细作方式的劳动生产率不高。

劳动生产率较低意味着，平均每个家庭成员能分得的产量不高。在满足劳动力简单再生产所需之外，农户家庭没有什么剩余和储蓄。即便可以把剩余农产品拿到市场上出售，也难以有足够的积攒可以买得起农用机械等。恰好，与较低储蓄对应的是家庭也不需要资本的投入。精耕细作的生产方式只需要谋划土地种什么，种几个季节以及如何在家庭内部调配劳动力，如自己带着成年的儿子去整地、耕种，让女儿去收集禽畜肥料或除草。劳动生产率高低不是生产的目标，劳动型精耕细作对于机械、化肥、良种等农业技术手段具有排斥性。"内卷化"正是形象概括了这种缺乏新技术应用的生产方式。

某种生产要素较为丰裕和缺乏技术进步是"内卷化"产生的两个主要条件。没有技术进步，农业是"没有发展的增长"。农业产量的增加依靠的是稀缺程度较低的生产要素，如传统农户家庭的劳动力。凡是在稀缺程度不高，同时缺少技术运用的背景下，任何要素都可能被增长"卷入"。土地也可能存在"内卷化"现象，通过不断的开荒、土地粗放经营来增加产量是其表现。我国传统农业出现劳动"内卷化"而不是土地"内卷化"的资源条件是，土地对于农户家庭土地一直处于更稀缺的状态。

在我国，劳动型精耕细作已不具有劳动力的现实基础。由于农业比较收益整体上比较低，家庭的青壮年劳动力大多进城务工。农户家庭生产缺少充足的劳动力，没有进城的老人、孩子、妇女在生产中难以投入大量的劳动时间。笔者 2014 年 9 月走访安徽省固镇县曹老集农户时了解到，50 岁以上两个身体健康的劳动力只能承担不到 0.5 亩的豆角种植，原因在于蔬菜类作物需要每天浇水、除草、打药，细致的田间管理消耗很多的劳动力。雇人或请人帮忙可以增加劳动的投入。笔者 2014 年 10 月走访安徽省凤阳县黄湾乡时，正值花生的收获季节，当时每天的雇工费用是 80 元。农户介绍，稍微年轻一些的雇工费其实是参照了进城务工的平均日工资。在这样的劳动力价格下，一般农户家庭只是在农忙时雇人，日常田间管理请人帮忙的几乎没有。农户家庭自有劳动力平均年龄上升，年轻雇工的费用上涨，传统的精耕细作很难在劳动力方面满足条件。

2.3.2 资本型精耕细作与农户家庭的理性选择

农业的精耕细作不仅局限于劳动密集下的细致田间管理，从耕作方式对土地单产影响的内涵角度看，还存在不依靠劳动投入的精耕细作。除了劳动以外，影响土地产出的因素还有土壤条件、种苗、肥料、饲料以及机械、设施等。例如，在粮食作物生产中，播种机的精准作业可以提高出苗率，机械深耕使同一地块能够种植三层土豆等；利用普通的肥料种植袁隆平水稻良种，亩产可以达到1000公斤以上；在蔬菜种植中，普通大棚乃至温控大棚可以反转自然条件，增加一年之中的蔬菜产量等。

依靠技术进步促进产量增加，注重的是对土地基础条件的改善、耕作品种的改良以及更为精准的操作。这种生产方式不再以增加劳动、土地为手段，而是通过资本的投入来有效地替代土地和劳动，在提高土地单产的同时也能提高劳动生产率。不妨把技术主导的生产方式称为资本型精耕细作，从提高资源使用效率角度看，资本型精耕细作是现代农业的重要特征。在我国，实现资本型精耕细作涉及成千上万农户家庭的理性选择。

随着劳动力成本上升和农机生产技术进步，以及家庭留守劳动力年龄偏大，农户倾向于用机械替代劳动。目前，农户家庭普遍利用15马力以下的拖拉机、旋耕机等小型机械进行土地的翻整作业。小型机械普遍使用的结果是放宽了从事农业劳动的年龄限制。在此帮助下，50岁以上的老人种植几亩地的粮食或蔬菜成为可行。但小型机械对生产的影响一般只限于节省劳动，并不能通过改善播种、采摘或收割环节的效率而提高土地单产。小型、非精准机械的使用并不意味着农户家庭超越了传统的精耕细作。

一些大型机械具有提高亩产的功效。由于其昂贵的价格，一年中使用次数不多等原因，小规模农户无力、也不愿意进行生产投资。随着农村技术服务市场的形成，一般农户家庭可以租用这些机械。但是，对于这些能实现精耕细作的技术手段，小农户使用的比率并不高。这是因为，租用这些机械的净收益，可能比不上自己操作。家庭留守人员缺少进城务工的身体条件、技能等，其自身劳动力的机会成本仍然很低，手工操作没有多少隐性成本。而租用设备服务的花费不

第 2 章　基于农户生产效率的农业规模经营

低，以小麦、旱稻为例，租用大型机械是每亩 80 元左右。对于亩产 800 元左右的小麦生产而言，这是相对较高的成本。增加的产值并不能抵消机械服务的租金。

在果蔬类农业作物生产中，喷灌、滴管、温控是实现精准农业、提高产量的主要技术手段。以色列在果蔬类种植业中普遍采用自动化的滴灌系统，在有限的土地上满足了很多国家的需求。这些设备、设施往往需要一次性投入大量资金进行建设，后期的维护费用也不低。农户家庭依靠自身的积蓄或信贷，很难形成投资能力。同时，农户家庭经营的土地面积有限，增加设备、设施的投入不具有规模经济。如果不能有效地降低平均成本，农户将没有生产投资的意愿。此外，这些设备通常不具有较强的可移动性，因而也不存在租赁市场。果蔬类的设施农业生产方式进入农户家庭不具有普遍现实性。

不依靠大型机械、先进设施，农户可以借助生化技术提高经营效益。目前农户使用较多的是化学手段，在种植业中是化肥、农药和除草剂等，养殖业中则是人工饲料。化学要素可以替代劳动、土地，但与精耕细作的内涵相去甚远。种养优良的品种同样可以提高效益，也能避免化肥或人工饲料过度使用的弊端。农户使用良种除了考虑投入成本高低以外，更要考虑风险问题。农业生产受土壤、气候等自然条件影响显著，更换品种存在技术风险。在农业生产实际中，良种需要现场试种，小农户不可能拿出专门的试验田。不经过试种的良种可能不是提高产量，而是颗粒无收。例如，2015 年蚌埠市出现的袁隆平种子事件。对于小规模分散经营农户来说，风险承担能力限制了优质种苗在生产中的运用。

以上分析，虽未涵盖资本型精耕细作的全部技术细节和物质内容。但是，并不妨碍从总体上概括现阶段农户生产方式的一般特点，即追求产值或利润而不是产量最大化的普通农户家庭，在劳动力、资金以及土地规模等约束下，其生产方式既不是传统的精耕细作，也做不到现代农业的精耕细作。

2.4 农户家庭生产效率与经营状况：以大棚蔬菜种植为例

农户家庭在生产中未能充分利用先进的技术，并不意味着其缺乏生产效率。与技术有关的效率主要有两个维度：技术进步率和技术效率。运用更先进的技术，可以增加一定投入下的最大可能产出。技术进步率衡量的正是技术对于最大可能产出的影响程度。而技术效率反映技术的运用情况，是指在相同的投入下，实际产出与最大可能产出的比率。技术效率高表明实际生产中更有效地运用了某种技术。理论上，一般农户家庭生产的整体技术水平较低，但通常都能以一定的投入实现既定技术水平下的最大可能产出。

本章接下来的实证分析基于安徽省凤阳县黄湾乡蔬菜生产散户2014年9~12月的调查资料。选取蔬菜作物作为研究对象的原因是：与小麦、水稻相比，蔬菜生产一般需要持续地付出较多劳动；蔬菜大棚需要进行专门的投资；而且，蔬菜的市场价格具有一定的波动性，对农户的生产经营（效果）产生影响。选择蔬菜生产经营有代表性，有助于全面考察小规模农户的生产效率问题。笔者对于规模较大（6亩以上）的7个农户进行现场访谈并记录，另外，在村委会的帮助下发放农户生产经营情况调查表120份。在回收的调查表中，可用于比对研究的有效样本70份，种植规模都是6亩以下。

2.4.1 农户家庭生产经营的总体分析

70户调查家庭平均人口不到4人，在外打工的1人以上。农业生产经营者的平均年龄53岁，具有小学以上文化17人，初中以上文化49人，高中以上文化4人。经营者平均有4~6年的种植蔬菜经历,其中有 14 户超过 7 年。总体上,经营者年龄偏大,受教育程度中等,并且普遍具有一定的种植经验和技能。

总的种植面积 195.1 亩,户均不到 3 亩地。总共 289 个大棚,平均每个大棚占地 0.67 亩,每户平均拥有约 4 个大棚。大棚的总建设费用是 83.7 万元,每个大棚的投入不到 3000 元。这些大棚常年吸纳的劳动力为 142 人,平均每户 2 人,即每个人大约照料 2 个大棚蔬菜的生产。从蔬菜大棚的占地面积、建设费用以及农户家庭使用的土地面积、投入劳动力数量角度看,这些农户基本上属于小规模生产经营。

70 户家庭外出务工总共 71 人,从事蔬菜种植与外出人口之比是 2∶1。在 37 个没有外出务工人口的农户中,家庭人口等于种植劳动力人口的有 23 户,没有多余劳动力转移;其余 14 户经营者的年龄范围是 38~52 岁,这些家庭中一般有未成年或正在学习阶段的子女,或者有老人需要抚养。外出务工总收入 186 万元,接近种植蔬菜的纯收入 211 万元。其中,33 户有外出务工收入的农户,非农收入与种植蔬菜收入之比达到 1.6∶1。从家庭劳动力在农业和非农配置的构成以及务农收入占比来看,这些农户家庭具有兼业化特点。

正如前面的分析一样,在小规模农户生产经营中,一般没有雇人或请人帮忙。由于大棚缺少滴灌或喷灌设备,农户自己承担繁重的手工浇灌。并且,超过 50% 的农户认为蔬菜种植中比较费事的是土地平整、育苗、浇灌;认为采摘比较累人的较多,占到 80 以上;有 15% 左右的农户认为播种、施肥也比较耗费劳力。的确,如果缺少先进的设施,蔬菜种植只能属于劳动密集型。在调查农户中,即使品种较少,没有一个家庭是单个劳动力完成蔬菜生产的。

总体上,所调查的小规模农户家庭属于兼业经营,而且处于单干状态。生产资金主要用于种苗、化肥等,设施、设备的投入较少。农户家庭生产开始采用现代的技术手段,但是普遍存在生产技术水平低的情况。但是,小农户生产组织具有自己的特点,因为没有雇工,劳动管理不复杂。如果种植面积很小,大棚完全可以设置在房前屋后,便于观察作物生长。遇到下雨时，对于大棚的调整和维护也就近，而且来得及。理论上，小规模农户生产经营尽管技术水平较低，但是能充分运用既定技术，达到投入—产出最大化，即小户是具有技术效率的。

2.4.2 农户家庭生产的技术效率分析

通过农户调查获得的是横截面数据，适合于对不同生产主体的技术效率进行比较分析。以下将依据技术状况进行分组，并对技术水平相仿的每一组分别进行技术效率分析。估算技术效率运用静态 DEA 方法。

（1）投入与产出的指标选取。

蔬菜的品种较多，一年中有很多茬口，每个品种的播种数量也有各自的选择。通常，小规模农户家庭一般不分别（记录）核算不同季节、不同品种的产量。从数据可获得性角度，分析农户蔬菜种植的技术效率，年产值是适合的产出指标。此外，如果调查对象具有类似的销售渠道，或者在同一个区域市场上出售蔬菜，用销售收入替代产值不改变农户技术效率的比较分析结果。相应的，投入也采用 1 年的总量指标。

蔬菜生产的投入要素主要包括土地、劳动和资本投入。农户投入的土地数量是总的种植面积，而不是大棚的面积加总。大棚的技术、设备条件即便相同，在规格上也有大小差别，同等面积的土地上可以建设的大棚数量是不固定的。相邻大棚之间需要有必要的间距，统一的口径是土地规模而不是实用（大棚）面积。

大棚蔬菜基本上已经不受季节限制，不同品种的播种、收割首尾相接，因而劳动投入可以具有连续性。连茬种植的品种越多，需要付出的劳动越多，劳动力与品种数的乘积更能反映农户实际劳动量的差别。但是，技术效率分析需要的正是投入量而不是使用量。在农户生

第 2 章 基于农户生产效率的农业规模经营

产效率的比较中,衡量劳动要素的适宜指标是 1 年中家庭参与蔬菜种植的劳动力数量。

种植大棚蔬菜的资本投入分为两部分:一部分是大棚的使用费;另一部分是生产的流动性消耗,包括种苗、化肥、农药和有机肥投入。由于小农户一般不记录生产资料的采购数量,资本投入可以用实际花费来衡量,这与产出量采用产值指标是一致的。

(2) 分组情况与技术效率估算。

将不同农户划分为技术手段不同的分组,比较理想的依据是每亩地的大棚投入。一般来说,蔬菜大棚有不同的大小规格,如单栋式、联栋式等。单栋式大棚的面积从 0.3 亩到 1 亩地不等。因此,单个大棚的平均搭建费用并不能客观反映农户生产条件的差别,而单位土地的建设费用与技术水平存在较强的对应关系。当每亩地的大棚投入费用较高时,通常在蔬菜生产中具备品质、功效相对较好的设施与设备。对于 70 户家庭,按每亩地大棚搭建费用可以分为 3 组,分别是 2000 元以下、2000~6000 元、6000 元以上。具体测算结果及其比对信息见表 2.2、表 2.3 和表 2.4。

表 2.2　第一组:每亩地大棚搭建费用 2000 元以下农户的技术效率

编号	技术效率	劳动(个)	数量(种)	面积(亩)	编号	技术效率	劳动(个)	数量(种)	面积(亩)
1	1.000	4	3	3	11	1.000	2	3	1.5
2	1.000	2	4	2	12	1.000	1	3	2
3	0.939	2	3	3	13	0.833	2	2	2
4	0.919	3	3	3	14	1.000	2	6	5
5	0.948	2	3	3	15	1.000	2	5	5
6	0.971	2	4	3	16	1.000	2	5	5
7	0.900	4	3	3	17	1.000	2	7	4
8	0.939	2	4	3	18	1.000	2	6	4
9	0.938	2	5	3	19	0.820	2	3	4
10	1.000	2	3	1.5	20	0.750	2	3	4

表 2.3　第二组：每亩地大棚搭建费用 2000～6000 元以下农户的技术效率

编号	技术效率	劳动（个）	数量（种）	面积（亩）	编号	技术效率	劳动（个）	数量（种）	面积（亩）
1	0.968	2	3	5	13	1.000	3	5	2
2	1.000	2	3	5	14	0.720	2	3	2.5
3	0.870	2	3	5	15	1.000	1	3	2
4	0.791	2	3	4	16	1.000	2	4	2
5	0.968	2	3	5	17	0.818	2	4	2
6	0.889	2	3	4	18	1.000	1	4	2.5
7	0.862	2	3	4	19	1.000	2	4	2
8	0.686	2	3	4	20	1.000	2	4	2
9	0.875	2	3	4	21	0.900	1	4	2
10	0.791	2	3	4	22	1.000	2	4	2
11	1.000	2	6	2	23	1.000	2	4	2
12	0.857	2	4	4	24	1.000	2	4	2

表 2.4　第三组：每亩地大棚搭建费用 6000 元以上农户的技术效率

编号	技术效率	劳动（个）	数量（种）	面积（亩）	编号	技术效率	劳动（个）	数量（种）	面积（亩）
1	1.000	2	4	2	14	0.692	2	3	3
2	0.880	2	4	2	15	1.000	1	2	3
3	0.880	2	4	2	16	0.942	2	4	1.5
4	0.833	2	3	1.5	17	0.833	2	3	1.5
5	0.960	2	4	2	18	0.870	2	4	3
6	0.815	2	4	1.5	19	0.833	2	3	1
7	0.832	2	4	1.5	20	1.000	4	4	5
8	0.888	2	4	1.5	21	1.000	2	4	3
9	0.846	2	3	2	22	0.745	2	2	2
10	0.899	2	4	1.5	23	0.924	2	4	4
11	0.833	2	4	1.5	24	1.000	2	5	5
12	0.833	2	4	1.5	25	1.000	1	3	1
13	0.837	2	4	2	26	0.750	2	3	3

(3) 农户家庭生产的技术效率特点。

第一组农户技术效率指数均值为 0.948，20 户中技术效率指数 0.9 以上的占到 85%；第二组农户技术效率指数均值为 0.916，24 户中技术效率指数达 0.8 的超过 80%；第三组农户技术效率指数均值为 0.882，26 户中技术效率指数达 0.8 的超过 88%。总体来说，农户家庭生产的技术效率比较理想。

从 2000 元的竹木结构简易大棚，到 6000 元以上的新型材料大棚，投入数量不同并没有带来技术效率的太大变化。实际上，这些投入的差别并不能从根本上改变大棚内部的设施手段，如采用喷灌或是渗灌等方式。这些大棚的主要区别在于不同的防风、抗雨雪能力。在笔者调研的地区，常年最显著的影响是雨水，而且一般雨量不大。适应天气变化，关键是看雨季时家庭能否及时地调整大棚的通风口、覆盖薄膜等操作。在同等技术条件下，生产效率的影响因素是劳动管理而不是大棚的结构稳定性。

播种、修剪和采摘是蔬菜种植中劳动量较大的环节，如果同一茬口时间里种植的品种过多，农户容易应接不暇，导致效率下降。反之，种植品种太少，又会存在劳动力的闲置现象。而且，需要投入的劳动量是否适当以便于自我组织管理，还要考虑种植面积的多少。面积大，劳动效率也可能出现问题。

面积和品种数的综合因素，对于农户技术效率的影响比较显著。第一组中编号为 13、19、20 的农户的技术效率偏低。第 13 号农户的种植品种只有 2 种，种植面积也是 2 亩；第 19、第 20 号农户的种植品种是 3 种，但是种植面积达到 4 亩。与其他农户比较，第 13 号农户种植面积与种植品种的乘积最低，第 19、第 20 号农户种植品种/种植面积的比值最低。因此，这 3 户技术效率低与劳动力没有得到充分利用有关。第二组中编号为 4、8、10、14 的农户的技术效率偏低。其中，第 4、第 8、第 10 号农户种植品种/种植面积的比值偏低，第 14 号农户种植面积与种植品种的乘积偏低。第三组中编号为 14、

22、26 的农户的技术效率偏低。其中，第 14、第 26 号农户种植品种/种植面积的比值偏低，第 22 号农户种植面积、种植品种数都偏低。此外，三个组中品种较多、面积较大的农户技术效率也较高，主要原因可能是所调查农户通常具有 5 年以上种蔬菜的经验，一般不会让家庭的劳动"过载"。

2.4.3 小规模农户家庭的经营绩效

上述 70 户调查数据的分析显示，技术效率与规模没有确定的关系。但是，农户的经营状况则可能随着种植规模而变化，经营能力与效益涉及品种选择、劳动力投入、销售方式以及纯收入等方面。

蔬菜的价格主要受市场供求影响，比较容易波动。种植较多品种是应对市场风险的可行方法。因为，种植面积少，难以将有限的土地分配给不同的品种。在 70 户家庭中，种植品种数超过 4 种的只占到农户数的 10% 左右，大部分则是种植 3、4 种蔬菜。而且，种植较多品种大多是通过多盖几个面积更小的大棚来实现。因此，尽管品种多，但是每个品种的产量不可能大。相比而言，笔者入户访谈的种植面积在 7 亩以上的 6 户家庭中，都是种植 5、6 个品种，即便这些品种的茬口是同期的，每个品种也可以有 1 亩以上的收成。

家庭生产容易管理，但劳动力的数量相对是固定的，难以适应季节性变化对于劳动量增减的需要。受规模约束，雇工是不划算的。蔬菜种植属于劳动密集型的，小规模农户家庭平均 2 个劳动力难以支撑蔬菜的多品种生产经营。而且，像采摘、收割等可以协作的环节，几乎也不能实现分工。在 6 户规模较大的家庭经营中，自有的劳动力至少 3 人，其中 5 户有雇人帮忙的经历。较大规模摊平了雇工费用，实现了多元化经营。

小规模生产经营，产量不大，没有营销方面的积极性。70 户家庭选择种蔬菜的原因是"种菜比较赚钱"，选择蔬菜品种的理由基本

第2章 基于农户生产效率的农业规模经营

上是"大家都选的品种",在市场经济的竞争中这两者其实是矛盾的。小农户的蔬菜销售方式一般是"就近销售",接受当地的市场价格。小规模兼营性使家庭生产很难具备专业化。与之不同,6个蔬菜大户选择种菜是因为"擅长种菜",选择品种的原因是"更赚钱"。在销售方式上,其中有5户或者已经与县城的公司签订了订单,或者有固定的中间商上门收购。

70户家庭,蔬菜大棚1年的使用、维护费是12.78万元,投入的种苗、化肥、除草剂、有机肥是18.73万元。不考虑人工费用,使用大棚的成本占比40%左右。扣除生产的物质消耗,平均每个大棚纯收入7318元,每亩地纯收入10840元,每个劳动力纯收入14894元。6个蔬菜种植大户每个大棚的平均搭建费用在8000元以上。46个大棚,1年的使用、维护费是7.3万元,投入种苗、化肥、除草剂、有机肥是4.78万元。大棚的使用成本占比高达60%,平均每个大棚的纯收入11939元,每亩地的纯收入11562元,每个劳动力纯收入32305元。

在经济效益的比较中,大规模种植的成本结构正好与小规模相反。种植规模较大时的固定投入较多,带有灌溉系统的设施条件也相对较好。并且,经营效益随着规模扩大而更好,大户每个大棚的收入是小规模农户的1.5倍,单个劳动力的收入是小规模的2倍以上。值得注意的是,土地产出率并没有随着农户生产经营规模而提高。这与本章前面的分析相符合,即农户家庭使用自家承包地时,具有追求劳动生产率而不是土地产出水平的倾向。

通过调查和访谈农户经营状况的比较,可以得出的总体结论是:在小规模农户分散经营下,技术手段相对落后。劳动力从业的专业化程度不高,不仅品种选择、产量确定具有较大的随意性,而且销售方式单一。在此背景下,小规模农户经营效益不佳,即便是像蔬菜这类经济作物,劳动生产率也不高。小农户很难成为"职业化的农户"。

总体上讲,农户家庭是具有技术效率的生产单元,但是由于经营规模和能力的限制，难以在再生产中不断积累并充分采纳先进的生产技术。如果说现代农业技术进步的必然之路是通过农业规模化、集约化来实现"有增长的发展"，如何发挥小农户的生产优势，并缓解小农户融入市场的经营问题，进而在农户生产环节输入更多的技术要素是规模经营的应有之义。

2.5 小　　结

考虑到我国农业发展的资源禀赋条件，现代农业的效率目标是劳动生产率和土地产出水平互相促进、同时提高。而农业生产效率的实现情况是，从1996年全国范围内农业产业化实践开始，至今没有形成劳动生产率和土地产出率"双高"的局面。1997~2011年农业发展中的技术进步状况的估算表明，如果把土地单产作为农业发展绩效，农业全要素生产率有上升的趋势。但是，技术进步对于土地产出率的贡献程度总体上还不高，存在着农业技术效率偏低的现象。

目前，提高技术进步对于农业生产效率的促进作用，亟待提高生产中技术运用的实际效果。理论上，农户家庭在生产过程中具有自我激励、自我管理的特点，因而是富有技术效率的生产组织。涉农公司通常在资本、技术方面具有一定的实力，可以成为农业技术进步的带动者。因而，提升农业生产效率适宜的微观机制是：发挥农户和公司各自的优势，形成规模经营组织，共同促进农业生产发展。

通过农户家庭生产和经营特征的理论分析和实证考察发现，现阶段，农户家庭实际上是以产值最大化为原则进行生产要素的配置，其中土地和劳动力的隐性成本的属性正在弱化。随着劳动力转移和家庭兼业化，农户家庭生产方式不再具有传统精耕细作的特点。同时，农户家庭的生产方式又不是现代农业的资本型精耕细作。

蔬菜种植户调查资料显示，农户家庭组织的技术效率与生产规模大小几乎没有相关性。影响农户生产效率的主要因素主要在于技术手段，而不是劳动管理方面，这说明农户家庭适合作为规模经营组织的生产单元。但是，劳动力的过度使用或闲置会降低农户生产的技术效率，这些原因主要涉及品种、产量的选择。因此，现代农业发展涉及农户的"市场化"问题。小规模分散经营需要通过外部力量带动，使生产计划与市场需求更加匹配，更好地融入市场竞争，推动生产发展。

相对来说，农户家庭虽然不能做到"小而全"，但是可以在与公司等的合作发展中实现"小而专"。因此，适宜的规模经营实现方式是立足传统的农户家庭生产管理方式，嫁接现代农业的技术和资本，让农户的生产活动"被规模化"，以及工商资本涉农更有经济效果。其中，公司带动农户生产的订单农业是出现较早的，也是一直在不断发展的规模经营形式。

"公司+农户"
准一体化机理与
超市场契约定价
Chapter 3

第3章 "公司+农户"准一体化组织的形成

现阶段，劳动力在城乡之间流动的方向没有显著变化，家庭储蓄和资金仍然主要用于进城的需要。在此约束下，分散经营的小农户依靠自身增加生产投入，提高家庭经营能力和生产专业化程度是不太现实的。农户家庭虽然因其生产积极性较高、容易组织管理而具有较高的技术效率，却受到经营规模普遍较小的限制，难以采纳先进的生产技术。

在市场化进程加快的背景下，分散经营几乎没有了当初的制度红利。独立、小规模经营的缺陷首先体现在"小农户"与"大市场"的矛盾方面。现实中存在种养品种的"羊群效应"、农产品"卖难问题"提出了经营规模化的基本要求，即解决小规模农户家庭在经营方面存在的问题。如果农产品堆积如山或烂在地里，农户提高生产效率将缺少最起码的激励。实现规模经营，首先需要在小农户与市场界面的接触方式上有所突破。

单干的农户是直接面临市场竞争，与涉农公司签约则是间接参与市场。公司与农户之间的购销合同，能把农户的生产与市场需求联结。在公司的带动下，农户家庭生产的社会化程度可以进一步提高。通常，以购销订单实现农户经营活动的规模化被学界冠之以订单农业或契约农业的名称。在欧美等发达国家中，订单农业广泛存在，并且被证明是有效促进农业产业化、现代化的可行方式。在我国，订单是农业改革和发展"第二次飞跃"中较早出现的现象，订单农业也是仍然在发展中的组织方式。

以签订购销合同的手段带动农户生产发展，关键在于订单能否履约。因为，无论哪一方毁约，意味着农户将重新回到单干的分散经营状态。不仅如此，履约时间越长，越可能在公司和农户之间建立长期的合作关系，并发展出更加稳定、规范的组织类型，推动形成新型的规模经营主体。本章将从订单合同履约的核心问题出发，构建公司与农户的博弈模型。以契约价格和生产、交易成本为主线，分析农户与公司履约策略占优的条件。并且探讨抵押、专用性投入对于提高履约率的意义，借此解释"公司+农户"准一体化组织形成的逻辑。

第3章 "公司+农户"准一体化组织的形成

3.1 订单合同及其履约困境

签订订单合同是农户与公司合作的常见方式。订单中明确购销的权利和义务,农户或公司不用再从市场中搜寻买方或卖方。而且,约定价格使双方不需要在每一笔交易中都进行讨价还价。订单在一定程度上固定了交易对象和价格,可以减少交易成本。不仅有利于公司获得稳定的货源,也能促进农户提高生产效益。因此,订单农业有理由受到农户和公司的青睐。但是,高达80%的违约率,使农户和公司都有"望单兴叹"的感受(刘凤芹,2003)。

订单合同是实现规模经营的一种可能方式。订单在生产之前规定了双方的权利和义务。在农产品种类、数量方面,农户不再是完全自行决策的生产单位。同时,公司的战略设计与经营管理也将考虑农户的因素。以订单合同联结,农户和公司分散、独立的经营活动或多或少具有了统一性。提高购销合同的履约率,保持农户与公司合作的稳定性,能提高规模经营的统一程度。

3.1.1 订单合同的违约现象

农户和公司在订单式的规模经营中仍然追求各自的利润最大化,双方并没有结成风险共同体。订单合同并不能转移农业风险,仅仅是将农业固定的风险在公司和农户之间进行转移(涂国平等,2010)。从市场风险来说,农户生产成本、农户的销售收入、公司生产成本以及公司的产成品价格等经常变化,给公司和农户能够获得的利润带来影响[①]。这些因素也是引起订单违约的主要诱因。

---

① 农户的利润是指纯收入,这里暂且不考虑劳动力成本和土地流转租金等因素。对于隐性成本影响农业规模经营方式需要另外的专门研究。

> **案例 1**
>
> ## 市场价格波动的诱因[①]
>
> 在山东,有一个典型的订单农业违约案例。1999 年 11 月,山东寿光市化龙镇 29 户菜农与一家企业签订了日本大葱种植收购合同。双方约定公司负责为农户提供日本大葱原种,并派人进行技术指导,按每公斤 0.8 元的价格收购合格成品大葱。但到大葱收获时,因为当年市场严重供过于求,大葱价格下跌,这家公司却以种种理由拒收。最终,农民将企业告上法庭。后经当地法院审理,判令这家龙头企业向 29 户菜农支付违约金 1.5 万元。
>
> 大葱市场价格下跌超出了企业以前的预期,以较高的契约价格收购市场现值较低的产品,对于企业来说是非理性的行为。可以想见,如果大葱的价格上涨,农户把产品卖到市场上可以获得更多的收益,那么被诉诸法庭可能是农户。市场价格波动是违约的直接诱因。这个案例中企业没有事先的抵押,败诉或赔偿的损失只是事后对于农户的补偿,并不能起到预防违约的作用。

> **案例 2**
>
> ## 公司经营背景的影响
>
> 新疆天业番茄酱厂除了自己种植一部分番茄以外,主要是向农户订单收购。2011 年市场不景气,对厂家番茄酱的需求下降。在等待、寻求买家的过程中,厂家开工时间比 2010 年晚了 10 天。另外,厂家还利用生产相对空闲的机会,增加了两次机器清洗,停工 2 天。这导致 1 年的总生产时间减少了 12 天。厂家开工不足,

---

[①] 案例引用来源:农民日报,2005 年 1 月 7 日第 2 版,山东动手"修补"订单农业。

> 对于番茄的加工量减少了2.4万吨。日处理量的减少使农户将成熟番茄运到工厂门口时，需要排队等待交货。产品腐烂造成农户直接的损失。不仅如此，原本高质量的番茄质量等级下降。在交货高峰阶段，厂家用称重量的方法确定等级，将大部分的番茄都评定为最低的三等。
>
> 对厂家而言，即便农户提出要求，开工时间和清理机器也是难以确定并写入订单合同的。对于由此产生的等待时间延长，以及高峰期简单的等级衡量方法，农户有权提起诉讼。毕竟，从经济利益损失来看，厂商实际上已经违约。产生合同履约问题最初的原因是番茄制成品市场销售状况不理想，厂家的经营环境变差。如果事先约定的收购价格可以调低，经营环境对于厂商的压力不至于太大。厂商也就未必需要通过减少收购、克扣质量来维持利润水平。

案例3

农户在生产成本上的投机

> 2012年中央电视台"3·15"晚会播出了针对"健美猪"的调查，农户把瘦肉精添进饲料进行生猪养殖的情况被曝光。受此影响，全国生猪消费量骤降，双汇集团整体上市计划搁浅，股价连续3个跌停。因为不符合国家的有关规定，农户出售给公司的实际上属于不合格产品，农户行为具有违约性质。"瘦肉精事件"暴露了订单合同在生产过程监管、产品质量保障方面的缺陷。
>
> 监管难题只是为农户用欺骗的方式提高生猪等级提供了便利。农户违约的直接动机来自生产成本方面。2011年前后以玉米为主的饲料价格上涨，以及猪病对产量的影响程度提高。在收购价不变的背景下，农户使用低廉的添加剂替代相对昂贵的饲料，节约成本的同时得到貌似合格的产品，属于机会主义行为。

3.1.2 契约定价是订单合同履约的核心问题

上述案例涉及了影响订单合同履约的主要变量,它们是合同约定的购销价格、农产品市场价格、农户生产成本、公司产品的市场价格、公司生产成本等。其中,公司生产成本是关于农产品质量的函数。质量好的产品更能保证公司的生产经营活动顺利进行。

就利润的核算及其影响因素而言,收益、成本在数量上可以相互转换。例如,对于公司来说,再加工、生产后的产成品市场价格提高或订单中购销价格降低对于公司利润的影响是一样的;农户提供质量较低的农产品而节约了成本,与成本不变但直接抬高订单价格的效果是一样。而且,收购质量较低农产品的公司生产成本将提高,也与提高农产品采购价格的结果一样。因此,各种收益、成本的价格因素变化都等价于订单中规定的契约价格 Pc(price of contract)变动。

但是,实际上订单合同中约定的购销价格是固定不变的。订单合同具有长期性和跨期性,事先确定未来某个时点的成交价格,实物的交换要等待农产品成熟。农产品成熟时市场价格、农户生产成本以及公司产成品的市场价格不可能在事前预见到并反映在订单合同中。当各种因素发生变化时,公司或农户能获得的利润将偏离原来的预期。由于这些变化相当于提高或降低了订单中的契约价格,如果能相应地调整成交价格来响应变化,将增强双方继续合作的意愿。反之,外部环境的变化给其中一方带来不利的境遇或潜在获利机会,又不能通过价格调整避免损失或获得更多的利益,机会主义式的毁约行为是很难避免的。可见,事前确定固定的契约价格,这是影响订单合同能否履约的核心因素。

3.2 订单博弈的模型框架

3.2.1 模型的主要假定

公司和农户之间签订的是 n 期的购销合同。这里的期间是指农作物的成熟期,通常情况下 n≥2。在 n 期内,都按照事先约定的契约价格 Pc 成交。双方不存在关于价格的重新谈判,否则订单与市场即时性交易没有太大差异。类似的,可以把交易量记为不变的单位数量 1,也不考虑围绕购销量的再谈判,因为这同样会增加额外的交易成本。

农产品市场价格 Pm 是随机变量,不妨假定其服从均匀分布。而且,有理由认为双方约定的契约价格 Pc 接近于市场价格的期望值。这是因为,过高或过低的价格将被一方拒绝,订单合同无法签订。因而,市场价格可以看作以契约价格 Pc 为中心存在均匀波动,可能高于或低于契约价格 Pc。

农户的生产成本记为 Cp_1 (cost of product)①,如果双方只是简单的购销关系,它并不因存在订单而改变。但是,订单能够节约市场交易成本。农户因为签订长期购销合同而节约的交易成本记为 Ct_1 (cost of transaction)。公司位于产业链下游,其对农产品进行再加工的成本为 Cp_2,公司产品的销售价格为 R,这些量的大小主要由公司自身的生产经营状况决定。因为有订单在手,公司能节约的市场交易成本记为 Ct_2。这里,双方交易成本节约主要是指搜寻交易对象方面花费的减少,而不涉及产品的考核费用,即是否有订单关系都需要对产品的品质进行同样的度量。

---

① 以下符号中的下标,如不做特殊说明,1 代表农户主体,2 代表公司主体。

农户和公司签订的只是农产品购销合同，双方的目标不是集体利益的最大化，而且，一般的订单内容中不涉及某一方为了合作而放弃个体利益时能够获得补偿。因而，双方是非合作博弈关系。每次农作物成熟后，双方独立选择履约或违约。此外，农户和公司不止交易一次，双方还存在着重复博弈。任何一方在选择何种策略时，不仅考虑眼前的利益，还要权衡未来的收益。未来收益或成本贴现率不妨记为 δ。

3.2.2 单次博弈的合作解

公司和农户签约后的任何一个时期都可能出现市场价格对契约价格的偏离，即 $Pm \neq Pc$。价格波动会诱使一方产生毁约行为。当有一方违约时，双方的交易将不再继续到 n 期。订单重复博弈的特点是：不是无限次，也不是确定的次数，而是随机结束。下一次博弈是否发生，取决于当期双方是否都没有违约。因此，有必要首先考察单次博弈的履约情况。

公司和农户有同样的行动集合 $S = \{s_1, s_2\}$，其中，s_1 表示履约，s_2 表示违约。由此，单次博弈中有四种策略组合以及相应的收益情况。

当公司履约时，农户选择履约的结果是按照契约价格出售农产品，并节约了交易成本，农户的收益 $u_1(s_1,s_1) = Pc - Cp_1 + Ct_1$；农户违约意味着选择在市场上出售农产品，放弃节约交易成本的好处，农户的收益 $u_1(s_2,s_1) = Pm - Cp_1$。

类似的分析可知，当农户履约时，公司选择履约的结果是获得收益 $u_2(s_1,s_1) = R - Pc - Cp_2 + Ct_2$；当公司选择违约时，将获得 $u_2(s_1,s_2) = R - Pm - Cp_2$。

当公司违约时，农户即便是选择履约，也不得不在当期市场中寻找买家，并按照市场价格出售农产品，农户的收益是 $u_1(s_1,s_2) =$

$Pm - Cp_1$；农户选择违约的结果是一样的，因而 $u_1(s_2,s_2) = Pm - Cp_1$。

类似的，当农户违约时，公司即便是选择履约，也不得不在当期市场中寻找卖家，以市场价格收购农产品，公司的收益是 $u_2(s_2,s_1) = R - Pm - Cp_2$；公司选择违约的结果也是一样的，即 $u_2(s_2,s_2) = R - Pm - Cp_2$。

一般来说，订单可以节约市场搜寻成本，即成立 $Ct_1 > 0$ 或 $Ct_2 > 0$。如果当期农产品市场价格与契约价格相同，即 $Pm = Pc$，那么，在单次博弈中，将出现（履约，履约）的策略占优均衡。而且，当期出现了合作的结果，订单博弈将继续到下一期。

实际上，市场价格在每期都可能会偏离契约价格。或高或低时，公司或农户的收益状况都将随之改变，市场因此而影响着订单的履约结果。在如何选择方面，双方都是基于个体利益。本章接下来的研究中，不妨都以市场价格走高为例，即 $Pm > Pc$，分析市场价格对农户更有诱惑背景下的博弈结果。至于相反的情况，分析过程和结论是类似的。

如果 $Ct_1 > 0$，诱使农户选择违约的市场高价，至少要能补偿农户违约时，所放弃的节约交易成本的好处。当 $Pm > Pc + Ct_1$ 时，成立 $u_1(s_1,s_1) < u_1(s_2,s_1)$ 和 $u_1(s_1,s_2) = u_1(s_2,s_2)$。违约是农户的策略占优行为。

当农户违约时，由于 $u_2(s_2,s_1) = u_2(s_2,s_2)$，公司无论如何选择，结果是一样的。而且，$Pm > Pc$ 时，成立 $u_2(s_2,s_1) < u_2(s_1,s_1)$ 和 $u_2(s_2,s_2) < u_2(s_1,s_2)$，公司的收益比农户履约时更少。因而，农户选择违约的结果是损人利己。进一步，农户违约增加的收益为 $Pm - Pc - Ct_1$，公司遭受的损失为 $Pm - Pc + Ct_2$。农户违约使双方收益的总和存在净损失，等于 $Ct_1 + Ct_2$，即失去了交易成本的节约。

当 $Pm < Pc + Ct_1$ 时，市场价格偏离契约价格的程度不高。在这种市场状况下，$u_1(s_1,s_1) > u_1(s_2,s_1)$ 和 $u_2(s_1,s_1) > u_2(s_1,s_2)$ 成立，而且仍然有 $u_1(s_1,s_2) = u_1(s_2,s_2)$ 和 $u_2(s_2,s_1) = u_2(s_2,s_2)$，履约是

双方的策略占优行为。博弈的均衡解是（履约，履约），双方实现合作。

类似的分析可知，当 $Pm < Pc - Ct_2$ 时，公司将选择违约。当 $Pm > Pc - Ct_2$ 时，订单契约得到履行。

农户和公司都选择履约的条件是 $Pm < Pc + Ct_1$ 和 $Pm > Pc - Ct_2$ 同时成立。由此，可以确定一个价格波动的区间 I：（$Pc - Ct_2$, $Pc + Ct_1$）。当市场价格相对于契约价格的变动没有超过这个区间时，单次博弈存在合作解，交易将继续下去。

3.2.3 重复博弈及其结果

如果只是一次博弈，当市场价格波动超出区间 I 时，农户或公司从当期的利益出发，违约是必然的。重复博弈的情况与之不同，双方在选择是否违约时不仅考虑当期的收益比较，理性的主体还会权衡未来的可能收益状况。当违约发生时，订单交易将不再延续，双方回到市场即期交易状态。一方面，没有了订单的作用，双方不再能获得节约交易成本方面的收益；另一方面，农户出售农产品或公司采购将重新以市场价格为基准进行。

如果 n 期内双方都没有违约，将签订下一个期间的订单，这种交易方式将一直持续下去。因而，农户和公司存在着随机结束的重复博弈关系。典型的随机结束重复博弈是指在进行一个重复博弈时，每次都通过抽签来决定是否停止重复。如果抽到重复的概率为 p，则抽到停止重复下去的概率为 1 - p。这里，农户和公司并没有真正地去抽签，如果双方没有违约，则意味着博弈将重复下去。根据单次博弈的分析，概率 p 的值是指市场价格的随机波动落在区间 I 的可能性。区间越大，博弈重复下去的概率越大。

由于双方是根据市场价格的期望值约定契约价格，因而在重复的订单中契约价格仍然记为 Pc。为了考察便于考察重复博弈下双方履

第3章 "公司+农户"准一体化组织的形成

约选择的变化,不妨假设双方交易成本节约多少保持不变,每次博弈时都为 Ct_1 和 Ct_2。而且,双方在订单毁约后回到市场中的交易价格 Pm 取其平均值,记为 Pc。

在单次博弈分析中可知,当市场价格 $Pm \notin (Pc - Ct_2, Pc + Ct_1)$ 时,存在两种纳什均衡,分别是(违约,履约)或(履约,违约),它们都体现损人利己的非合作状态。在同样的市场情况下,随机结束的重复博弈则存在触发战略的纳什均衡,从而在每次交易中产生(履约、履约)的双赢结果。

在订单博弈中,触发战略(trigger strategy)是假设农户和公司在重复博弈的开始选择履约战略,并且当且仅当前面每个阶段双方都选择履约时,在其后的阶段博弈中也选择履约。触发战略意味着,农户或公司有一方违约,另一方将永远退出订单交易。

当贴现率 δ 满足一定条件时,触发战略可以是订单重复博弈的纳什均衡。不妨假定公司已采取触发战略,如果某阶段的博弈,因农户违约而偏离了(履约、履约)的结果,公司将在其后选择永远不再与农户续约。由于这相当于公司一直会处于拒绝履约的状态,那么农户的最优反应也只能是不与公司合作。

接下来,考虑农户在第 1 期的最优选择,以及以前每次结果都是(履约,履约)时,下一次博弈的最优选择。当第 1 期市场价格 $Pm > Pc + Ct_1$ 时[①],农户选择违约,将会在当期获得 $Pm - Cp_1$。农户的行为会触发公司的永远不合作战略,于是农户未来的收益完全取决于市场,失去了交易成本节约的好处。按照前面的假设,农户未来每期的平均收益为 $Pc - Cp_1$。上述一系列收益的现值记为 $V_{违}$:

$$V_{违} = (Pm - Cp_1) + \delta(Pc - Cp_1) + \delta^2(Pc - Cp_1) + \cdots$$
$$= (Pm - Cp_1) + \frac{\delta}{(1-\delta)}(Pc - Cp_1) \quad (3-1)$$

农户选择履约,在本期的收益为 $Pc - Cp_1 + Ct_1$,并且可以在下一

---
① 这是农户可能发生违约行为的环境诱因。

次交易中得到完全相同的选择机会。考虑到博弈得以重复的概率是 p，在每一次交易中都选择履约作为最优战略，农户能获得的收益现值记为 $V_{履}$：

$$V_{履} = (Pc - Cp_1 + Ct_1) + p \cdot \delta(Pc - Cp_1 + Ct_1)$$
$$\quad + p^2 \cdot \delta^2 (Pc - Cp_1 + Ct_1) + \cdots$$
$$= \frac{1}{(1 - p \cdot \delta)}(Pc - Cp_1 + Ct_1) \quad (3-2)$$

当且仅当 $V_{履} \geq V_{违}$ 时，履约是农户的最优选择。$V_{履} \geq V_{违}$ 是一个关于 δ 的二次不等式，求解可知[①]：当 Ct_1 较大，进而概率值 p 也较大时，存在着 $\delta^* < 1$，只要贴现率 $\delta > \delta^*$，都有 $V_{履} \geq V_{违}$ 成立。而且，p 值越大，这样的 δ^* 值越小。

这意味着，当且仅当 $\delta > \delta^*$ 时，农户在第 1 期的最优选择是履约，如果以前每次结果都是（履约，履约）时，下一次博弈时仍然选择履约。另外，前面已经说明了，当某一次的结果偏离（履约、履约）时，农户的选择将是不再合作。即，当公司采取触发战略时，农户也将采取触发战略。

类似的分析可知，如果农户首先采取触发战略，则公司的最优反应也是相同的战略。由此可知，触发战略是这个博弈的纳什均衡。进一步的，由于是随机结束的重复博弈，从任何一次交易开始的子博弈与这个博弈的结构相同。子博弈有两种：一种是农户和公司都不曾违约，触发战略是其纳什均衡；另一种是农户或公司有过违约，触发战略同样是其纳什均衡。因此，如果 $\delta > \delta^*$，则上述触发战略是随机结束重复博弈的子博弈精炼纳什均衡，（履约，履约）是每一次交易的均衡结果。

贴现率 δ 可以表示博弈参与人是否有耐心合作，越是立足将来的合作，越是看重未来利益，贴现率就越高。反之，在极端的情况下，参与人完全只顾眼前，贴现率则等于零。上述结果表明，如果农户和

---

① 参见本章附录：重复博弈的临界贴现率。

公司都有足够的耐心，订单交易就会形成长期合作的局面。值得注意的是，是否有耐心是促成合作的充分条件，并不是必要的。下面将看到的是，随着博弈背景的改变，持续合作所需要的耐心是可以降低的。

3.3 现金抵押与订单博弈

对于随机结束的重复博弈来说，单次博弈能否继续下去是影响均衡结果的重要因素。在每一次交易中，市场价格的波动是难免的。如果不存在节约交易成本的好处，市场价格稍微高于或者低于契约价格，单次博弈的结果必然是农户或公司违约，订单交易终止。没有交易成本节约，意味着履约区间 I 退化为（Pc，Pc），双方的订单最不稳定。具体可见示意图3.1。

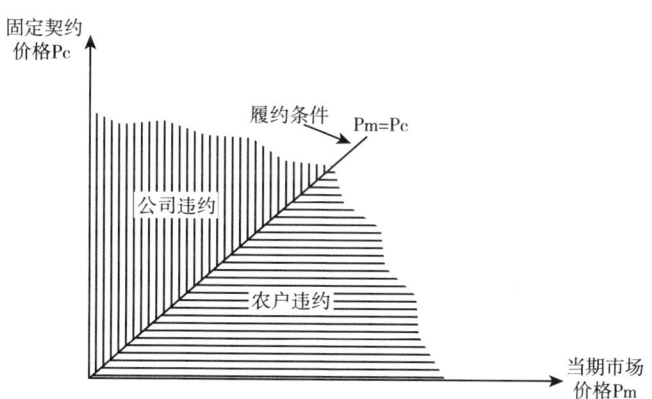

图3.1 不存在交易成本节约时的履约区间

实践中，订单合作方式总是或多或少存在交易成本节约的。至少，签约的农户和公司不需要在购销环节寻找交易对象。正因为这一点，即便是市场价格产生了诱因，双方仍然有可能选择履约。违约会带来额外的收益，但即便是眼前，违约也是有代价的。在某一次交易中，为了获得市场价格和契约价格的差额收益，需要寻找买家或卖家，不得不放弃交易成本方面的好处。

订单合同如果能较多地节约双方的交易成本，那么，这个合同所维系的合作关系将能应对一定幅度的价格冲击。节约交易成本是合作的收益之一，这种退出壁垒形成了订单履约的基本保障。具体可见示意图3.2。

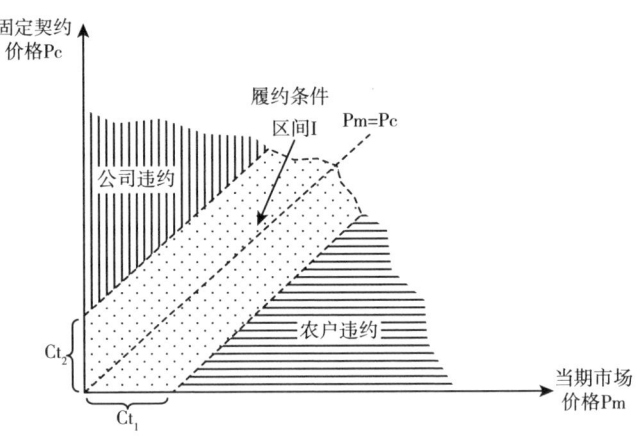

图3.2 存在交易成本节约时的履约区间

3.3.1 包含现金抵押的博弈

理论上，凡是能改变收益状况的制度、措施都有可能改变博弈的均衡解，以及影响合作的稳定性。订单合同中常见的抵押设计，改变了单次博弈的解并影响了重复博弈的结果。

假设存在现金抵押。当缴纳抵押的一方提出毁约时，另一方不再返还抵押金。农户和公司博弈中引入抵押，主要改变的是单方违约时的收益情况。以农户缴纳抵押金为例，担保一定把产品出售给公司的情况，假设抵押金是 $\varepsilon > 0$。当公司履约而农户违约时，农户的收益 $u_1(s_2, s_1)$ 由 $Pm - Cp_1$ 降低为 $Pm - Cp_1 - \varepsilon$，公司的收益 $u_2(s_2, s_1)$

由 $R - Pm - Cp_2$ 增加到 $R - Pm - Cp_2 + \varepsilon$。其他情况下的收益状况不变。

当 $Pm > Pc + Ct_1 + \varepsilon$ 时，成立 $u_1(s_1,s_1) < u_1(s_2,s_1)$ 和 $u_1(s_1,s_2) = u_1(s_2,s_2)$，违约是农户的策略占优行为。农户选择违约仍然是损人利己的。同时，尽管公司扣留了抵押金，农户实施机会主义行为的获利没有增加，公司的损失也未减少。但是，农户履约的市场价格范围扩大了，农户违约的前提是价格差额不仅要弥补交易成本的节约，还要补偿放弃的抵押金，即 $Pm < Pc + Ct_1 + \varepsilon$。这意味着农户在价格更高时仍然选择履约。面临市场价格大于契约价格的诱惑，抵押提高了毁约的代价。

如果是公司缴纳抵押金 $\varepsilon > 0$，从类似的分析就可知，$Pm > Pc - Ct_2 - \varepsilon$ 时公司选择履约，即公司在更低的价格上仍将选择履约。面临市场价格低于契约价格的诱惑，抵押同样也提高了公司毁约的代价。

因此，当存在现金抵押时，双方履约策略都占优的条件是价格波动位于区间 II：$[Pc - Ct_2, Pc + Ct_1 + \varepsilon) \cup (Pc - Ct_2 - \varepsilon, Pc + Ct_1]$。区间 I $\subset$ II 表明抵押能够提高公司和农户订单合同的履约率。具体可见示意图 3.3。

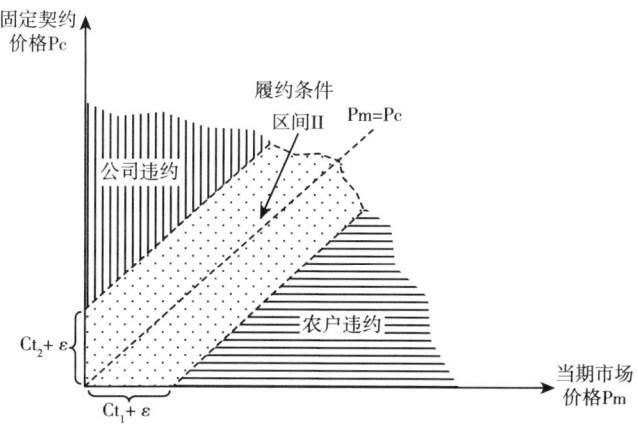

图 3.3　农户或公司有抵押时的履约条件

比较图 3.2 和图 3.3 的差异可以看出，对于履约问题而言，现金抵押相当于提高了原来的 C_{t_1} 水平，并因此扩大了履约条件的价格区间。由此，与没有保障措施的情况相比，在同样的市场波动环境下，抵押能提高单次交易的履约率，即博弈得以重复的概率 p 值上升。进而，随机结束的重复博弈具有（履约，履约）子博弈精炼纳什均衡的条件 $\delta > \delta^*$ 中，δ^* 值变小。这意味着，订单交易想要重复下去，对双方的耐心要求更低。如果公司和农户行事时的远见性，或者说耐心是既定的，那么现金抵押的存在使订单博弈更有可能产生相互合作的结果。

3.3.2 以抵押提高履约率的局限性

当市场价格波动时，抵押因为降低某一方的投机动机而保障了契约的执行。这一作用也可以看成是它变相改变了契约价格的结果。$Pc + Ct_1 + \varepsilon$ 与 $Pc + Ct_1$ 对比，$Pc + \varepsilon$ 不妨看成是一个新的契约价格 Pc'，且 $Pc' > Pc$。农户抵押的情形可以看成是公司把收购价从 Pc 提高到 $Pc + \varepsilon$。当农户履约时，公司以 $Pc + \varepsilon$ 收购农产品，其中 Pc 部分是公司自己的支付，而 ε 则是押金的返还。由于抵押等价于提高了收购价，导致农户在更高的市场价格上才有毁约行为。公司抵押的情形是类似的，它相当于农户接受一个更低的新契约价格 $Pc - \varepsilon$，换来公司的履约行为。

尽管抵押可以提高履约率，但是在抵押方的选择，以及抵押力度上存在着局限性。

首先，"谁来抵押"。从履约价格区间 II 可以看出，当市场价格高于契约价格时，农户抵押可以保障契约执行；当市场价格低于契约价格时，则是公司抵押在起作用。抵押是发生在生产之前的一次性措施，事先预测将来收购时市场价格波动的具体方向又是很难的。当抵押方选择正确可以提高履约率，一旦选错了抵押方，反倒是促进了毁约。

其次,"抵押多少"。即便能正确选择抵押方,还存在抵押数额的确定问题。按照前面的分析,当市场价格位于区间Ⅰ时,合同无需抵押即可自动实施。当市场价格超出区间Ⅰ时,需要抵押来扩大能产生履约行为的价格范围。假设双方预见价格变动超出区间Ⅰ的波动幅度是 $\sigma > 0$,履约行为的价格范围需要达到区间Ⅲ:$(Pc - Ct_2, Pc + Ct_1 + \sigma) \cup (Pc - Ct_2 - \sigma, Pc + Ct_1)$ 之内。按照抵押等价于新契约价格的逻辑,抵押数额需要满足 $\varepsilon \geq \sigma$,才能使履约价格区间Ⅱ包含区间Ⅲ。区间Ⅱ⊃Ⅲ要求 $\varepsilon \geq \sigma$,意味着契约保障所需的抵押额度不能低于预见的价格波动幅度,这属于完全的抵押。如果双方对于 σ 数额的认知存在分歧,或者是交易量较大,完全抵押的可行性就将下降。

3.4 关系专用性投入对订单交易的影响

3.4.1 基于抵押原理的履约条件扩展

抵押金 ε 提高了(履约、履约)策略占优的价格上限到 $Pc + Ct_1 + \varepsilon$,或者降低价格下限至 $Pc - Ct_2 - \varepsilon$。即现金抵押可以把区间Ⅰ扩展到更大的区间Ⅱ,从而提高订单的履约率。按此逻辑,能扩大区间Ⅰ的手段都将提高合作解的稳定性,如改变交易成本或生产成本。

首先考虑的情况是,相对于市场交易,订单方式能显著地节约交易成本。即 $\hat{C}t_1 > Ct_1$ 或 $\hat{C}t_2 > Ct_2$ 成立,其中 $\hat{C}t_1$ 或 $\hat{C}t_2$ 代表节约了更多的交易成本。因而,毁约意味着在其他条件不变的情况下,双方存在更大的损失。

与前面类似分析可知,当节约交易成本的效果更显著时,(履约,履约)策略占优的价格区间是Ⅳ:$(Pc - \hat{C}t_2, Pc + Ct_1) \cup (Pc - $

$Ct_2, Pc+\hat{C}t_1$)。易见,区间Ⅳ⊃Ⅰ。这表明,如果农户与公司的订单合作能更显著地降低交易成本,也能提高单次博弈履约的可能性,以及促进持续性的合作。具体可见示意图3.4。

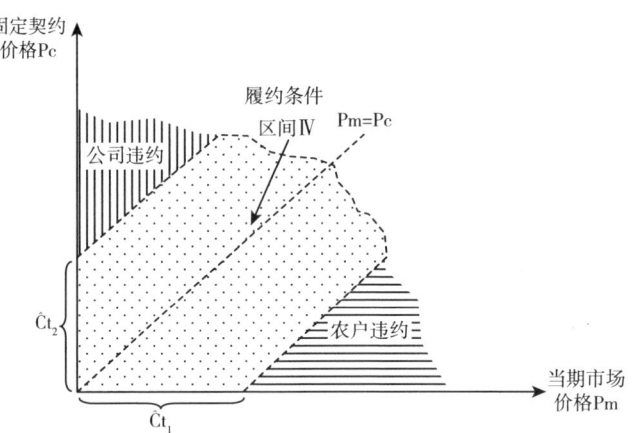

图3.4　农户或公司有专用性投入时的履约条件

比较常见的节约交易成本情况是通过订单合作能降低搜寻成本与考核费用。影响搜寻成本大小的主要因素包括产品的特质性、双方的经营能力以及地理位置等。特色农产品不具有充分竞争的市场,农户销售时面对的是特殊的消费群体。公司也需要寻找专门生产该种农产品的农户。双方在市场中分别寻找各自的交易者比较困难;在经营能力方面,小农户通常缺乏销售渠道,也不太了解哪里有合适的消费者。而生产规模较大的农户本身对销售很关注,也面临更多的中间商上门收购机会。一般而言,节约搜寻成本对小农户更有吸引力;靠近城市或靠近农产品交易市场的农户,比较容易找到买家。公司如果在不同地区有代理商,搜寻采购对象也变得相对容易等。根据上述结论,如果单独考虑搜寻的难易程度,假定市场波动情况既定,离市场较远的小农户、缺少区域性采购部门的公司,以及特色农产品的订单合作将有更高的履约率。

在订单合同中,附加公司向农户提供生产资料的条款,可以节约考核费用。农产品的质量维度较多,需要检测的指标很多。而且,农业生产受自然、生物因素影响大,产品品质的随机程度较高,限制了抽样检测方法的适用性。农户使用公司提供的种苗、饲料、肥料等,能够实现产品质量的源头管理。由于生产环节的个性化减少而标准化程度提高,在交易环节进行临时、现场考核的必要性降低。如果单独权衡考核费用大小,像禽畜、果蔬这样的农产品,在交易时进行质量评价费时、费力而且未必准确。此时,附加源头管理的订单关系对于双方来说都是省事的,毁约则是自找麻烦。

3.4.2 作为广义抵押的专用性投入

农户随意改变农作物种类或品种,公司临时调配人员进行收购,以及公司向农户提供市场上可以轻易买到的种苗、饲料等,这些情况下并不能有效地降低搜寻成本和考核费用。显著节约交易成本通常需要一定的关系专用性投入。对于农户来说,锁定某种农作物生产将强化劳动者专门的知识、技能,人力资本逐渐增强专用性;公司需要在特定区域设置专门的分支机构,并安排熟悉当地情况的人完成收购任务;公司还要订购或者自行研发生产专门的种苗、饲料等,通过专设的供应部门向农户分发,并进行必要的会计核算等。

某一方越是能通过专用性投入节约更多的交易成本,越是能抵御市场价格偏离契约价格时的诱惑。考虑到专用性投入会产生新的成本,上述区间Ⅳ的价格范围将有所缩小。但是,只要节约的搜寻、考核成本没有被专用性成本完全抵消,订单履约率总是可以有所提高的。而且,专用性投入与现金抵押的作用具有类似的机制。当存在现金抵押时,履约不至于失去抵押金。现在的情况则是,履约不至于失去原本可以获得的更多净收益。此外,毁约还将损失某些资产的专用性价值。从这个意义上,关系专用性投入是一种广义的抵押,这也许正是"关系"的契约价值体现。

与现金抵押不同的是，以专用性投入实现抵押功能更加有效地保障履约。首先，不需要对市场价格波动进行完全的抵押。如果仍然需要区间Ⅳ比区间Ⅰ扩大 σ，在专用性投入能显著节约交易成本的条件下①，$k < \sigma$ 即可实现 $\hat{C}t_1 > Ct_1$ 或 $\hat{C}t_2 > Ct_2$。其次，订单契约开始时的专用性投入 $k > 0$，可以在每一期都节约更多的交易成本。这意味着重复博弈中的 $V_{违}$ 的值不变，但是 $V_{履}$ 的值更大，提高了违约门槛。此外，由于满足 $V_{履} \geq V_{违}$ 的临界值 δ^* 可以更小，（履约，履约）纳什均衡对双方耐心的要求可以更低，持续的合作更容易实现。

3.5 公司和农户相互依存与订单关系转化

3.5.1 专用性投入下的履约资本对称

契约价格固定的订单交易，在市场价格存在波动的背景中，交易双方都可能实施机会主义行为，导致毁约的结果。专用性投入在节约交易成本方面的净收益，以及交易中断时专用性资产用于其他领域可能产生的损失，这些价值增加了投入者的履约资本。这里，履约资本可以简单地理解为毁约时可能面临的损失。正如前述博弈解的结果所显示的，履约资本的存在使契约具有一定的"自我履约范围"（克莱因，1999）。

现金抵押，专用性投入都是增加履约资本的方式，因而都能提高订单交易的履约率。不同的是，在市场波动可能较大时防范机会主义，专用性投入不像现金抵押那样需要进行全额抵押。因而，在

---

① 这需要考虑公司和农户合作的具体关系、产权交易以及特殊的契约安排，本书第6、第7章有专门研究。

"抵押多少"方面，专用性投入是比现金抵押更有效地履约保障。但是，与"谁来抵押"类似，专用性投入同样面临"谁来投入"的问题。市场价格是上涨，还是下降，通常是难以判断方向的。究竟哪一方可能实施机会主义行为，进而，哪一方进行专用性投入能提高履约率也难以确定。单方的专用性投入在应对市场价格可能的双向波动时将"捉襟见肘"。这是因为，专用性投入在提高自身履约资本的同时，也把自己套牢，增加了被合作方"敲竹杠"的风险。下面的分析以公司单方面投入为例，农户单方面投入的情况是类似的。

假设公司已经设立了专门的生产资料供应和产成品采购部门。当市场价格低于契约定价时农户是不愿意毁约的，而公司有拒绝收购农户产品（如以质量为借口）转而在市场中采购的动机。此时，除非市场机会的诱惑较大，由于专用性投入增加了公司的履约资本，公司仍然将选择不毁约。

市场价格高于契约定价情况下，契约的履行状况则不同。显然，农户存在着毁约的动机，不把农产品交给公司（如以减产为理由）而是卖到市场中。由于农户并没有专用性投入，不存在多少履约资本，违约动机将催生毁约行为。而农户主动毁约对公司是不利的。公司如果同意终止交易，将失去前述履约资本的价值。如果想让农户继续履约，公司就要被动地接受"敲竹杠"，在农户的要求下临时提高契约价格。在公司陷入两难困境中，而且被"敲竹杠"的损失的理论上限是全部履约资本价值。

如果在公司进行专用性投入的同时，农户也有相应的专门投入，公司被套牢的风险将下降。农户与公司缔约固定生产某种农产品，其生产专用性主要体现在特殊的生产知识和技能、针对某种作物的专门设施或设备等方面。一旦农户进行了人力资本、物质资产等专用性投入，保持与公司长期购销关系有利于农户获得更大的利益。如果农户选择在市场上出售公司订购的产品，首先要自己寻找买家。其次，对于稍微具有特色的农产品，未必容易找到需要者。临时能找到的买家又不了解农户使用的品种、饲料等信息，精挑细选是难免的。一方面，专门生产出来的产品可能当作普通的产品卖掉；另一方面，农户未必能真正实现在较高的价格下出售产品。在这种情况下，即便市场价格高于契约价格，农户也不会毁约。农户发出的违约要求，也不再是可信威胁，公司避免了被"敲竹杠"。

由此，虽然专用性资产具有广义的抵押功能，但是只有当公司和农户都有投入时，才能有效地促进订单履约。这种契约改进的方式不妨成为"对称的履约资本"。如果履约资本是对称的，无论价格变动的方向是上升或者下降，当任何一方出现违约动机时，自身的履约资本将制约其毁约行为。

3.5.2 公司和农户形成准一体化组织

一般来说，双方都有专用性投入还具有降低生产成本的作用。在农户方面，添加生产设备往往能提高劳动生产率。公司为了控制产品质量节约考核费用，在生产环节进行技术指导，也有助于农户提高生产效率。在农户生产成本降低的同时，公司获得了稳定的、高品质的货源进行再加工，也能降低公司的经营成本。那么，与前面只考虑交易成本的情况相比，重复博弈中的履约收益将更大。订单关系的存续期更长、稳定性更高，公司与农户两个主体形成一种特定的经济组织。

履约资本对称意味着公司和农户存在着相互依存的紧密关系。双方的专用性投入不是任意选择的。例如，农户的技能、设施、设备用于生产公司指定的产品，而且公司还可能就产品的规格大小、品质高低等细节提出专门要求。公司的相关人员需要熟悉农户所在区域的土壤、气候等农业自然条件，才能有效地对农户生产进行技术指导等。双方有针对性的投入，使公司经营活动和农户生产活动具有了互补性。"公司+农户"是对这种结合方式一种形象的概括。

从单纯的购销关系到双边依赖，履约率得以提高的同时，公司与农户相互作用的范围也发生改变。双方不仅继续在流通领域中交易，还开始在生产环节交流。一方面，公司和农户所形成的不再仅仅是市场组织，因为市场关系下只有商品交换；另一方面，双方也没有用科层管理来替代一系列短期契约（科斯，1937），从而把生产和经营都放到一体化组织内完成。因而，"公司+农户"这种介于市场和企业之间的组织形式，具有准一体化属性。

3.6 小　　结

在我国，签订购销合同是实现农业规模经营最简单、直接的方式。以"公司+农户"模式为代表的准一体化组织是由订单农业发展而来。与其说公司和农户的合作状态更加紧密是源于地域性等关系资源基础，不如说是双方力求克服订单履约困境的结果。

面临市场价格波动，以固定契约价格为主要特征的简单购销合同使公司与农户处于非合作博弈关系中。双方各自的利益取决于通过合作能节约的交易成本、生产成本，以及几乎无时不在的价格投机。市场冲击会使购销合同的合作解不具有稳定性。履约策略占优的基本条件是违约将得不偿失。因而，破解履约困境的思路是，如何通过条款设计来增加违约的成本，或者增加履约的收益。

抵押能改变博弈中的净收益关系，是保障履约的基本手段。当违约发生时，现金抵押带来的是一次性的损失。为防止违约行为，现金抵押的数额需要和市场价格波动的幅度对等，这限制了现金抵押发挥作用。技术指导、人力资本等方面的专用性投入，能够降低生产或经营活动的成本，因而，可以将专用性投入视为广义的抵押。由于专用性投入的作用在每一次交易中都能体现，这样的广义抵押没有现金抵押的局限性。

但是，单方专用性投入容易引致"套牢"问题。进一步提高订单的履约率需要双方都有专用性投入，即履约资本对称。在此背景下，公司和农户不仅在流通领域中存在着购销关系，还在生产活动中相互影响，双方由此形成介于市场和科层之间的准一体化组织。

附录

重复博弈的临界贴现率 δ^*

重复博弈参与人权衡的是 $V_{违}$ 与 $V_{履}$ 的大小。

记 $A = Pm - Cp_1$、$B = Pc - Cp_1$、$C = Pc - Cp_1 + Ct_1$，三者的关系是 $A > C > B$。而且，数量关系具体为：$A - B = Pm - Pc$、$C - B = Ct_1$、$A - C = Pm - Pc - Ct_1$。其中，因为固定的契约价格以及暂不考虑生产成本的变化，B 的值相对稳定。

进而，$V_{履} \geq V_{违}$ 可以记为 $A + \dfrac{\delta}{(1-\delta)}B \leq \dfrac{1}{(1-p\cdot\delta)}C$，这是一个关于 δ 的二次不等式：$(A-B)p\cdot\delta^2 + (B+C-A-Ap)\cdot\delta + (A-C) \leq 0$。

由于二次项系数 $A - B > 0$，只要不等式所对应的二次方程判别式 $\Delta \geq 0$，就存在 δ^*，当 $\delta < \delta^*$ 时可以满足上述二次不等式。

计算可得 $\Delta = A^2(1+p)^2 + B^2 + C^2 - 4A^2 + 2AB(1-p) - 2BC + 2AC(1-p)$。可见判别式 Δ 是关于概率 p 的连续函数。概率 p 的大小介于 0 和 1 之间。当 $p \to 1$ 时 $\Delta \to (B-C)^2 > 0$。当 $p \to 0$ 时，$\Delta \to (B-C)^2 + 2A(B+C) - 3A^2$。

因此，至少存在一个 p 使得 $\Delta > 0$。而且，Ct_1 越大，$C - B$ 和 $B + C$ 的值将越大，根据连续函数的性质，使得 $\Delta > 0$ 的 p 值可以更小。一旦 $\Delta \geq 0$，上述的 δ^* 就是二次不等式对应的二次方程的一个解，即 $\delta^* = \dfrac{(A(1+p)-B-C) \pm \sqrt{\Delta}}{2(A-B)p}$。$\delta^* < 1$ 的充分条件是 $\dfrac{(A(1+p)-B-C)}{2(A-B)p} < 1$，

第3章 "公司+农户"准一体化组织的形成

当 $B \gg 0$ 时这等价于 $p < \dfrac{C-(A-B)}{B-(A-B)}$。可知,随着 Ct_1 越大以及 p 值越小,可以成立 $\delta^* < 1$。而且 p 值越大,满足 $\delta^* < 1$ 的 δ^* 值将越小。

上述推导过程已经说明了,只要有一定的交易成本节约 Ct_1,就存在 $\delta^* < 1$ 使得 $\delta < \delta^*$ 时 $V_{履} \geqslant V_{选}$。

"公司+农户"
准一体化机理与
超市场契约定价
Chapter 4

第4章 "公司+农户"组织的规模可分性特征

由于生产和经营是两种不同的活动，经营规模化可以有不同的路径。一般而言，生产是指劳动者运用劳动工具作用于劳动对象的具体过程。至于由谁来生产、生产什么、运用什么手段生产则属于经营的范畴。因而，生产和经营活动是可分的。如果把家庭农场、龙头企业[①]的积累路径概括为"大生产+大经营"，那么"公司+农户"组织的壮大则是依靠"小生产+大经营"。并且，这种准一体化组织保留了小农户在农业发展中的基础地位，既没有否定小规模生产，也不再是小规模经营。

"公司+农户"组织以订单契约为基础，通过生产和经营的分工和融合，实现准一体化的规模经营。家庭农场和龙头企业对于雇工劳动的生产管理和经营活动由同一个主体承担，具有一体化的组织形式。这两种不同类型的组织都能实现农业经营的规模化，突破家庭分散经营对于农业生产发展的制约。

提高经营的规模化程度需要以资本投入作为支撑。规模经营意在通过资源的优化配置来提高生产效率。为此，需要在扩大再生产过程中实现技术进步，促进生产发展。因而，在经营规模化的同时不断增加投入，这是实现规模经营对于资本积累的必然要求。

各种组织类型在资本积累上存在差异性。对一体化来说，单一主体拥有全部资本，统一地进行生产和经营活动，将获得的利润转化为追加投入。在准一体化下，生产和经营主体分离，不同主体分别完成各自的积累，并且实现单个资本之间的分工。因而，这些组织在资本积累的规模、速度等方面有所不同。

现阶段，在各种规模经营方式并存的背景下，值得思考的问题是农业规模经营的资本积累主要方式与特点是什么？这些积累方式的效果如何？以及"公司+农户"在提升经营活动规模化方面有没有相对优势？本章从规模经营对资本深化的内在要求入手，把家庭农场作

---

① 本书提到的龙头企业是指除了进行农产品加工等外，还进行规模化生产的农业企业。

为有代表性的分析参照，阐述"公司+农户"准一体化模式在实现经营规模化方面的现实意义。

4.1 农业技术投入与规模化经营

农业现代化需要从根本上改变其落后的生产方式和经营方式，提高包括资本、劳动、土地在内的全要素生产率（洪银兴，2008）。现阶段，在农业生产中普遍运用先进技术，受到小农户分散经营方式的制约。农业生产过程中自然因素的影响显著，农产品还具有生物周期性和季节性特征，因而农业生产经营面临着较高的市场风险和自然风险。在生产中采纳新技术，要求经营者有一定的风险承担能力，这是小农户不具备的。小农户家庭的经营规模较小，主要表现在户均不到9亩地，劳动力局限于家庭成员，以及缺乏资金投入来源等方面。小规模经营的农户基本上属于技术避险者。

在对安徽省凤阳县70户蔬菜大棚生产经营的调查中，笔者发现农户选择普通品种的比例占到99%以上，品种的优良程度不高。家庭生产以手工操作方式为主，所使用的大棚几乎都不具备先进的灌溉设施。结果是，每个劳动力能够照料的大棚数量不超过3个，每个大棚平均年纯收入1万元左右。小规模分散经营的农户家庭的积累偏少，不具备采用先进技术的条件。以蔬菜种植为例，调研发现小农户扩大再生产的主要手段是：（1）增加劳动投入量；（2）增加流转的土地数量，并建设同样规格更多的大棚；（3）利用不同蔬菜的茬口时间交错，连续地使用土地，增加土地的相对量。可见，在小规模经营的再生产过程中，技术进步缓慢。不仅劳动力存在"内卷化"的可能性，而且土地得不到足够休养，农业生产效率不高。

技术进步在微观层面上发生在经济组织的内涵扩大再生产中，其必要条件是具有较大的经营规模。现代工厂的诞生和机器的发明、运用正是以一定的资本规模为基础的。"只有在这个前提下，才能组织劳动的分工和结合，才能使生产资料由于大规模积聚而得到节约，才能产生那些按其物质属性来说只适于共同使用的劳动资料，如机器体系等等，才能使巨大的自然力为生产服务，才能使生产过程变为科学在工艺上的应用"[①]。这里，资本管理下大规模协作实现工业领域的规模经营。尽管生产上的协作在农业中并不具有完全的适用性（陈纪平，2013），但是，农业领域与之相同的是只有较大的规模才有可能把更多的剩余转化为再生产中的投入。农业技术投入的风险本身较高，更是离不开规模的支撑作用。

对于现代农业，用资本量而不是用土地多少来界定规模大小更为适当。增加土地面积是粗放式农业的表现，不是现代农业的特征。在粮食作物的生产经营中，增加耕种面积的同时，追加资本投入是难免的。大规模生产需要更多的劳动力，经营者不得不增加雇工费用的开支。如果劳动力成本相对较高，适合的经营方式是购置先进的机械来替代劳动，人少地多的美国就是这方面的典型代表。对于生产工艺要求较高的果蔬业，机械对人手难以有效的替代。随着果蔬种植面积增加，经营者往往要考虑将资金使用在灌溉、植保等设施方面，提高生产效率和经营收益。在养殖业中，土地面积甚至未必是关键的因素，如在圈养方式下需要大量投入的是房舍建设、清洁设施以及喂食系统等。因此，资本积累以及技术投入是经营规模化的实现前提。

4.2 农业经营规模化的资本积聚方式

与工业领域类似，提高经营规模化程度的资本积累途径主要有两种：一种是一体化的资本积聚，以家庭农场为代表；另一种"公

[①] 《马克思恩格斯全集》，人民出版社1972年版，第23卷684页。

司+农户"组织的资本集中。

个别资本通过把自身所获得的剩余转化为资本是扩大规模的积聚方式。独立经营的家庭农场通常具有相当的规模①。其经营所用的资金可能来自金融贷款,考虑到还本付息的义务,从长期看家庭农场的资本积累主要依靠自身来实现。尤其是家庭农场成立初期,启动资金更是以农户家庭以前的储蓄为基础。家庭农场的资本投入主要用于购置、建设较为先进的设备、设施,选择优等品种或新品种,以及数额不菲的土地流转租金。由于采用先进的技术,而且规模较大,资本投入所带来的剩余可以不断积累。

正如马克思所说"假如必须等待积累去使某些单个资本增长到能够修建铁路的程度,那么恐怕直到今天世界上还没有铁路"②。通过积聚方式实现资本积累进而推动内涵的扩大再生产需要相当长的时间。由于农业整体的比较收益较低,因而即便是经济作物,能从生产和销售中获得剩余是不多的。另外,像机械、管道、薄膜等农业投入品又往往来自工业领域的供给,资本品购置价格和使用成本高。因而,通过积聚实现资本深化的速度较慢,而且其过程容易中断。以笔者访谈的安徽省濉溪县永健家庭农场为例,由于完全依靠家族内部融资,缺少足够的发展资金。耕作面积达到3000多亩,但是2010年成立之后农场难以添置大型、高性能的农机,直到2014年才通过贷款并借助政府补贴实现了设备更新。

现阶段,土地和劳动力的成本上升,进一步制约了资本积聚过程。城市化进程中农村劳动力的转移,以及土地流转的正式化、规范化,引起原先农业生产经营中的隐性成本显化。由于存在着更多的选择,土地和劳动力的权益性逐步提高。无论土地承包者是否自己使用土地,将土地流转出去参照的是市场价格的平均水平;无论自身能力

---

① 种植粮食作物的耕地从几百亩到上万亩不等,蔬菜、瓜果类作物达到几十亩或几百亩,养殖数量几十头或几百只等。
② 《马克思恩格斯全集》,人民出版社1972年版,第23卷688页。

如何，要求获得劳动力的平均报酬。它们似乎也成为具有权利的"资本"，参与原本就不多的农业剩余的分配。农产品的价格并没有上涨太多，但是土地流转租金却从几年前的 600 元上涨到 1000 元以上。农忙时，雇人收割、采摘的每天的报酬也涨到了 80 元以上，甚至超过了租用农机服务的价格①。

通过资本积聚方式实现积累具有一体化的特征，即拥有对于设备、设施投入的所有权，对于土地的使用权，以及对于劳动力的管理和监督。对经营者而言，所能获得的剩余不仅用于良种、机械等包含先进技术的积累，也被用在了土地、劳动力这些本身可能与技术无关的积累上。由于土地、劳动力具有了资本化倾向，以资本积聚完成的资本深化，承担着技术资本、土地资本与人力资本的共同积累。

以资本积聚方式实现经营的规模化，生产和经营活动由同一个主体来组织管理。一个家庭农场既要从事预测市场、安排生产计划、采购和销售等一系列经营活动，同时还要对家庭成员、雇工的劳动进行生产管理。有多少亩土地、多少设备就有多大的生产规模，就要经营多大规模的生产。对家庭农场来说，生产规模和经营规模几乎是同等大小的，两者没有区别。

4.3 农业生产规模与经营规模的可分性

《资本论》中关于生息资本及资本职能分工的理论，提示了积聚以外的规模增大途径，相应的经济组织可以从"资本家"的企业演化为"资本家们"的企业。自 20 世纪 90 年代以来，生产的社会组织形式发生了一系列新的变化。企业之间纵向非一体化和横向非一体

---

① 资料来自笔者对安徽省皖北地区凤阳县、濉溪县等地的农户走访。

化有序地发展起来,外包和特许经营等方式迅速出现并快速发展,即生产的专业化、社会化更加深化了(刘东,2003)。当公司的创办者或经营者放弃对于生产环节的劳动进行直接又细致的监管,生产规模和经营规模的边界不再是像一体化那样的丝毫不差。

在工商业特许经营模式下,旗舰店是品牌的初创者,在品牌推介和发展过程中,资本增加的来源并不来自旗舰店本身。具体生产、服务中所需的资金来自加盟店的投入[①],旗舰店的职能是提供品牌、技术和管理方法,包括关键原材料的供应等。某个品牌的经营规模由加盟店的总数决定,加盟店越多,经营规模越大。但是,生产加工、服务规模体现的是单个加盟店的资金、场地以及员工的数量。特许经营组织方式的总资本规模很大,有些甚至是跨国经营。但是特许经营者或加盟者的生产加工、服务规模却很小。这些都是典型的小规模生产与大规模经营相结合的例子。

在农业中也同样存在小规模生产与大规模经营相结合的现象。以广东温氏集团为例,截至 2013 年年末,与公司合作的农户总数量达 5.46 万,遍布全国的 20 多个省(市、区)[②],其中主要是养鸡农户。公司规定的最小养殖规模是 6000 只,农户需要投资 3 万元。农户完成从鸡苗到成鸡的全部过程,6000 只、3 万元就是操作层面上的生产规模大小。公司经营规模是品种输出、技术指导所覆盖的 5 万多户总和,养殖数量超过 1.8 亿只,资金超过 15 亿元。经营规模远远超过生产规模,如果算上公司自营的上百个种鸡场、孵化场,经营规模与生产规模的差距更大。另一个例子是,江苏省镇江市丹徒区荣炳镇横塘湖水产公司用杠杆方式带动农户养鱼(刘东、王屹亭,2014)。经营规模即全部养鱼规模 3000 亩,包括公司本身养鱼数量 1500 亩加上

---

① 这里说的是加盟店日常运转的货币资金。加盟店缴纳的加盟费有抵押的功能,其性质类似于对品牌的租赁。相应的,旗舰店获得的利润中有一部分也具有"品牌利息"的内涵。

② 资料来源:《广东温氏食品集团股份有限公司 2013 年年度报告》《第三届(2012)中国黄羽肉鸡行业发展大会会刊》。

被带动农户的养鱼数量 1500 亩。公司以 3000 亩规模面对市场展开营销，摊销固定费用。经营规模和养殖生产规模之比是 2∶1。"公司 + 农户"的实践中存在着生产和经营两种规模的区分，具体可见示意图 4.1。

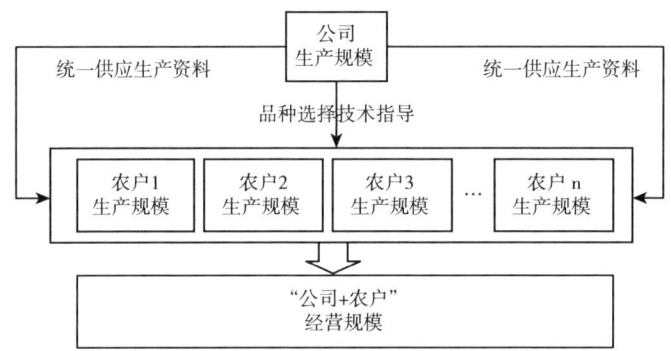

图 4.1　生产规模与经营规模的可分性

家庭农场的生产规模和经营规模等同，扩大生产规模是经营规模化的必要前提。由于生产扩张程度主要取决于个体生产者有多少剩余积累，家庭农场的经营规模被限制在个别资本积聚所能达到的数量之内。"公司 + 农户"组织是"小生产"和"大经营"并存，相互独立生产的规模大小取决于农户的个体积累，而经营规模与签约农户的数量成正比。如果公司能带动更多的农户生产，即便农户生产规模保持不变，"公司 + 农户"组织的经营规模也将更大。

生产规模和经营规模的差别化，体现了农业分工的发展。在"公司 + 农户"规模经营组织中，公司和农户分别是经营单元和生产单元。农户家庭专门进行生产活动，不用考虑品种选择、市场营销等如何经营一类的问题。公司专门从事市场开拓、产品设计以及技术服务等经营活动，把具体的生产操作交由农户自己完成。农户在生产上有市场强激励优势，技术效率高。公司具有较强的经营能力，双方实现了优势互补。

生产规模和经营规模具有可区分性，建立在经营权和经营能力交换的基础上。与公司缔约之前，农户完整地拥有生产权和经营权。这里，生产权是指在土地上，使用生产资料、配置家庭劳动力从事农业生产的权利。经营权是面向市场需求，对生产什么、生产多少、如何销售等问题的决策权。如果没有农户生产权和经营权的分离，将不会有生产规模和经营规模的区别。正是农户放弃农作物品种选择以及自由销售等权利，获得了公司经营管理、技术指导下更多的收益，将小生产置于大经营中。

农户在这种交换中仍然保留了生产权。家庭生产是相对独立的，不受公司的控制。因而，农户并不是公司的"生产车间"。公司的经营资本可以用于带动农户生产方面，但公司并不是农户的"领导部门"。公司和农户的个别资本相互独立，各自积累，又相互融合。"公司+农户"的资本是公司和农户个体资本的加总，这种资本积累方式属于资本集中。

4.4 "公司+农户"的资本集中优势

"集中可以通过单纯改变既有资本的分配，通过单纯改变社会资本各组成部分的量的组合来实现……集中补充了积累的作用，使工业资本家能够扩大自己的经营规模"[1]。类似的，"公司+农户"通过准一体化方式实现资本集中，能形成较大规模的农业生产经营组织。

准一体化是"没有土地流转的规模经营"[2]，可以在相对较短的时间里形成较大的经营规模。公司可以同时与许多农户签订契约，而无需土地流转的谈判和交易。理论上，只要公司经营管理活动仍然具

---

[1] 《马克思恩格斯全集》，人民出版社1972年版，第23卷第687-688页。
[2] 这是笔者在农村调查中的理解。存在着土地流转缺乏效率的现象，有些农户抬高流转租金，或者即便收益低也在继续耕种，为的是等待土地确权。"公司+农户"能避开大规模土地流转制约从而实现经营规模化。

有规模经济,这种资本集中方式就有条件继续下去。例如,一般的粮食类作物具有接近于完全竞争的市场结构。产品是普通的、价格是比较稳定的,公司在这样的环境下带动农户生产,其经营活动的内容可能只包含集中收购。这意味着经营成本和收储农产品数量将同比例上升,不具有经营的规模经济。但是,对于禽畜、果蔬等存在产品差异性的农作物,市场是不完全竞争的。经营管理涉及市场预测、产品开发、区域性采购等方面。经营活动可以分解并由专业化的人员承担,信息资源也具有共享性,平均经营成本将随着经营规模的扩大而降低。因而,以资本集中方式实现规模化,在实践中常见于禽畜、果蔬等的生产经营中。

而且,企业在经营方面的优势和能力越显著,就越可能带动更多的农户加入集团化的发展中。例如,同样是"公司+农户"形式和位于广东地区,温氏集团与长青水果场的不同经营能力导致不同结果。两者都是20世纪80年代开始起步,温氏集团逐步在关联产业多元化、市场合理布局,以及全员持股的资本架构和技术入股的产学研合作模式等方面具有经营优势(罗必良,2010),温氏集团发展壮大至今。而长青水果场则由于内部产权模糊,未建立科技支撑机构,以及过度承担风险等原因,发展到1992年之后与农户的联营解体(胡余清,2010)。

准一体化组织的资本集中,也加速了公司和农户自身的积累。由于不需要支付大量的土地流转金,也不需要预先准备劳动力报酬,公司可以把追加投入集中用于改进技术或者提高经营管理水平方面,实现内涵式的扩大再生产。农户在公司的带动下成为专业农民,不仅生产效率提高,而且在公司的市场、品牌优势下能获得更多的剩余。像在温氏集团带动的农户养殖中,一般都是品质较高的禽畜产品。此外,农户作为相对稳定的供货来源进一步保证公司加工生产的连续性,公司的资本循环更加顺利。由于不再需要寻找销售渠道,农户不仅节约了在流通领域的花费,对于保鲜、保质类的农产品也减少自然因素引起的损耗。资本集中推动了公司和农户的个别资本积累。

准一体化方式在农业规模经营中普遍存在有其特殊的原因。通常，在农业中并不存在类似于工业生产流水线式的劳动分工和效率。由于农作物的生产过程具有生物性、季节性，农业生产在时间上具有间歇性，而不是像流水线以空间上的转移和连续为背景。在同一个场所里，某个劳动力正在播种，另一个劳动力正在收获的情况，在农作物生产环节几乎是不可能的。因此，农作物分别处于不同的生产场所，才可能实现不同的劳动力操作同一类作物的不同生产环节。如果由一体化组织来实现这种分工，需要集中管理的生产场所将很多。庞大的生产规模以及相应的大量资本投入，限制了流水线分工的可行性。

准一体化可以发展新型劳动分工，即不同场所里的劳动力正在分别完成不同的生产环节。例如，某地的农户甲正在收获辣椒，而另一个地方的农户乙刚好把西红柿播下去；某地的农户丙正在喂养鸡雏，另一个地方的农户丁已经准备销售成鸡等。"公司+农户"不需要公司很大的投入就可以做到同时经营更多的品种或在更广大的区域内同时经营。在安徽滁州胡大明家庭农场与农户合作中，农户们是错开岔口种植不同的蔬菜，有些时候农户是休息的，但胡大明农场的加工和直销机构确是始终忙碌的[①]，投入在加工、销售环节的资本没有闲置。因而，资本集中在农业经营规模化方面的优势还体现在，可以利用农作物生产时间的交错性，实现特殊的分工效率，获得更多的利润进行资本积累。

4.5 小　　结

在农业规模经营中，资本深化可以选择不同的积累方式，技术进

---

① 资料来自笔者对安徽省滁州市"家庭农场+农户"模式的实地调研。

步需要相应的微观组织支撑。独立的家庭农场、龙头企业等一体化组织以积聚的方式实现资本积累，受到积累范围、劳动力和土地经营成本等限制。

农业中存在着生产规模和经营规模的差异现象。"公司+农户"利用了两种规模的可分性，以准一体化方式实现资本集中。"公司+农户"有助于快速积累，推动现代需要适合的组织形式。在可选模式中，"公司+农户"与独立的家庭农场、龙头企业相比，在资本积累速度、劳动管理以及发展农业分工等方面具有一定的优势。尤其是在目前劳动力成本显化和土地流转租金递增的约束下，公司带动农户合作发展要素进入农业，并且带来新的劳动分工。

较大的规模是内涵式扩大再生产和技术进步的必要而非充分条件。规模经营和资本深化的有效方式是实现资本集中，这对于促进技术进步具有现实意义。

在传统农业中生产要素已得到充分利用，改造传统农业的关键是引进新生产要素（舒尔茨，1963）。诸多实践表明，以"公司+农户"为代表的准一体化方式能够达到这一目的。准一体化是介于市场和企业之间的中间组织状态，其稳定存在需要特殊的产权关系和缔约活动。"公司+农户"组织在产权结构和契约安排上的复杂程度将超过家庭农场、龙头企业等一体化组织，以及单纯的市场订单交易。

"公司+农户"
准一体化机理与
超市场契约定价
Chapter 5

第5章 "公司+农户"的组织关系与产权结构

在我国，由于人多地少的禀赋特征以及农户家庭在农业中的基础地位，通过土地流转化解分散经营问题并不具有普遍可行性。而且，在家庭农场、龙头企业等一体化组织中，无论生产状况如何，土地流转租金总是需要支付的。土地流转所引起的经营成本是农业规模化的制约。

"公司+农户"的实践表明，至少在某些农业门类，土地流转并不是农业规模经营的必要条件。从产权角度，土地流转不妨视为土地经营权的全部转让。产权由各种权能构成，为了特定的组织目标，产权可以分解、重构。因而，土地流转只是优化农业生产要素配置的一种产权关系。与之不同，"公司+农户"组织没有土地流转和土地经营权的集中。

"公司+农户"的生产规模和经营规模是相互区分的，"小生产"与"大经营"的结合对应着特定的产权关系。这种准一体化组织如何实现资本积累方面的优势，需要考虑产权对于资本投入的激励作用。而且，产权关系是缔结商品、要素契约的基础。在考察公司与农户之间的缔约活动之前，有必要分析"公司+农户"组织的产权结构。此外，在工商业资本涉农、促进农业资本深化的背景中，"掠农"和"助农"现象可能是并存的，公司与农户之间的产权关系事关收益分享。值得关注的问题包括："公司+农户"准一体化组织是什么样的产权结构？在这样的产权结构下公司和农户在生产经营中的关系有什么特点？进而，准一体化有哪些组织优势？以及什么因素影响着公司和农户之间的产权配置？本章从交易成本和产权配置相结合的视角，分析"公司+农户"准一体化的组织方式与产权结构。

5.1 "公司+农户"组织中的产权架构

"公司+农户"既不是市场组织，也不是一个企业。因而，这种

第 5 章 "公司 + 农户"的组织关系与产权结构

准一体化组织的产权结构有别于市场或一体化的企业。本章遵循格罗斯曼和哈特（1986）的观点，从所有权方面界定组织类型。这里，所有权是指对资产使用的剩余控制权。由于契约的不完全性，或者说缔结面面俱到的契约其成本高昂，对于资产的使用存在着无法事先明确界定的权利。拥有所有权意味着能控制这些剩余权利。

科斯（1937）从交易成本节约角度，认为企业不同于市场的特征在于通过权威和命令来组织生产。威廉姆森（1976）按照不同的契约类型，用统一规制下的行政管理活动区分一体化和市场组织。存在着"命令"或"统一管理"表明，控制关系是一体化组织的显著特征。

一体化是通过产权交易，一方获得另一方资产的所有权，从而拥有全部的剩余控制权。农业中土地是不可或缺的生产要素，拥有土地的使用权是生产的必要前提。在家庭承包制下，农业一体化组织需要从农户手中获得全部的土地经营权。具体来说，农业投资者支付土地流转金，购置机器、设备和厂房，并且雇佣劳动力，由此形成一体化的组织。运用"反租倒包"方式的农业企业，还有目前在各地发展的家庭农场都属于一体化组织。农业企业或家庭农场能完全决定土地在农业用途上的使用方式，并且对劳动进行管理和控制。

市场交易契约同样存在着难以完全界定的权利。在产权方面，市场组织与一体化的主要区别是，交易者存在商品买卖关系，但没有生产要素的转让行为。双方各自保留自己资产的所有权，剩余控制权不像一体化那样集中在一起。因而，我们通常说市场是分散决策的经济组织，市场主体之间没有相互的控制关系。

在"公司 + 农户"形成的组织中，农户是在公司的带动下选择作物品种，不能随意使用饲料、种苗等原材料。农户部分地放弃了生产什么、如何生产的自主决策。这些原本是"单干"时农户完全自己做主的事情。因而，农户实际上让渡了部分土地经营权。也即，虽然没有土地流转交易，但公司获得了对土地这种生产要素的部分控制权。另外，农户仍然保留了对于具体生产过程的自我控制，包括对于家庭成员劳动力的配置、劳动和闲暇的选择,以及努力程度等。公司不对具体的生产过程进行监督,"公司+农户"具有准一体化的产权结构。与市场组织不同,存在着生产要素使用权的让渡。同时,包括生产设备、土地、劳动力在内的资产剩余控制权又没有集中到任何一方。

5.2 "公司+农户"组织中的主从关系

由于是土地经营权的部分让渡,"公司+农户"组织中存在着特殊的关系。一方面农户接受公司的技术指导,并且使用公司提供的原材料,农户在经营活动上服从公司的安排;另一方面,公司并不对具体的生产过程进行直接监督,农户具有生产的独立性。不妨把这种既不同于市场中完全独立平等,又不是雇用下的主仆角色,称为"主从关系",这或许是农业准一体化组织的重要特征。主从关系存在于"公司+农户"组织内的商品交易和管理交易中。

公司与农户之间的商品交易发生在产前、产后。产前环节,农户不是任意选择生产资料的供应商,而是接受签约公司统一提供的种苗、资料等,从而在生产准备上服从于公司的要求。产后环节,农户不能自由地在市场中选择买家,而是按照收购价直接把农产品交到公司。例如,在温氏集团与农户的契约文本中,设置"温氏公司拥有成鸡的产权"之类的规定。同意这样的条款,相比"承诺把农产品卖给公司",农户接受了更强的约束,这在市场交易关系中是不存在的。公司与农户商品交易中的主从关系倒是与一体化有些类似,都是生产操作者不再决定原材料从哪来和产成品去哪里。

社会经济活动除了商品交易之外,还存在着另一些独特的交易,主要是科斯曾经说过的经营决策主张或经营知识的交易(刘东,2004)。在现代经济中,经营决策能力是关键的生产要素,但是关于经营决策的知识难以通过市场进行交易。在企业内实现经营决策的价值要比在市场上直接买卖"点子"更节约市场交易成本。这时,一方让渡资产的权利获得另一方经营决策活动所能带来的好处,另一方则成为经营管理才能的输出者。由于经营决策或知识的交易一般伴随着对资产使用的管理,不妨称其为"管理交易"。

农户让渡部分土地经营权,换来的是更高的经营效率。公司通过市场分析、产品决策与技术创新,并将经营管理能力输入农户生产过程中,使农作物生产环节能获得更多的经济价值。如果缺乏经营能力,"单干"所能实现的土地经营权的经济价值不高,那么把种养类别和品种限于公司的经营范围之内,以及在生产中接受公司的技术指导,不失为理性的选择。在"生产什么""如何生产"方面服从公司的要求,属于管理交易的内容。

"公司+农户"正是通过公司经营能力与农户经营权的结合,成为具有竞争力的组织形式。服从是公司与农户进行管理交易的基本前提,农户不可能既获得规模经营的好处,又自行其是。但是,与一体化的内部监督和控制不同,农户并没有事事听从,在具体生产过程仍然具有相当的独立性。这一点类似于市场组织,存在着个体激励和劳动的自我管理。

可见,主从关系是介于市场独立和一体化控制之间的中间状态。它存在于商品交易和管理交易中,并且分别有所体现。"公司+农户"经营权部分让渡所形成的主从关系,一方面在商品交易中附加了部分的控制和干预,另一方面对于生产过程以激励替代了直接的管理和监督。在准一体化产权框架下,作为商品交易和管理交易混合的产物,主从关系兼具市场和科层组织的优势。

5.3 准一体化组织的交易成本优势

在主从关系下,"公司+农户"能有效地节约商品交易成本和管理交易（官僚主义）成本。交易成本是转让、获取和保护产权的成本（巴泽尔，1988）。如果交易成本大于零，产权就不能被完整地界定。交易者得到所交换资产的全部价值实际上是不可能的，交易双方将面临可能的损失，这阻碍着交易与合作的实现。反过来，交易成本越少，越是有组织优势。

5.3.1 源头管理与节约商品交易成本

商品买卖使商品的所有权从一方转移到另一方。商品交易中的产权界定，需要衡量买方究竟获得多少使用价值。同样数量的商品，如果质量有差别，其使用价值将不同。因而，质量是商品产权经济价值的重要维度，对于商品质量的考核构成了商品交易成本的主要内容。

农产品质量包括很多方面，如口感、光泽度、新鲜度以及各种营养成分含量等。有些关于质量的信息，可以通过直观判断获得，相对比较容易。但是，像营养品质一类的指标则需要依赖专门的测量手段。而且，即便是专门的设备，也很难对于产品质量做出精确的评价。"三聚氰胺"事件就是例证，在牛奶收购中衡量蛋白质的比重，一般只能间接地检测牛奶中氮含量，但是氮含量高并不意味着蛋白质含量多。细致准确的检测当然有益，但是需要付出更多的成本。

高昂的考核费用限制了农产品交易中对商品的产权价值进行充分界定。在交易成本约束下，那些未能衡量的商品质量属性成为双方争议和攫取利益的对象。当产权存在"公共领域"时（巴泽尔，1988），农产品交易中卖方"以次充好"的欺瞒，买方过度的"精挑细选"将是常见的现象，这不利于交易的进行。

现场检测并不是针对质量问题唯一的市场交易手段。诸如"商品延留义务"条款也能降低考核方面的交易成本。如果双方存在延留义务关系，商品转手时并不需要完全地就产品质量达成一致，而是把难以现场、及时考核的质量留待日后界定。商品所有者更替不代表交易的结束，恰恰是围绕质量方面产权交易的开始。一旦买方以约定的使用方式，发现卖方承诺的质量出现问题，退货、换货或者索赔就恰好体现了卖方出售商品的产权价值"缩水"。

但是，像"三包"一类的延留义务方式在农业中并不具有适用性。农产品一经试用，不可能退货或换货。农产品的质量随着运输、保存方式，以及时间长短等多种因素而变化。延留义务的产权安排会带来额外的考核费用，例如，质量问题究竟在交割时就已经存在，还是由于运输、保存、时间长、温度、空气湿度等因素引起，仍然需要确定。

保证商品的使用价值，"公司+农户"并不是在产后环节运用市场手段，而是在主从关系背景下实现农产品的源头管理。产品质量在交割环节的考核需要，转化为对于生产环节的质量控制。在农产品买卖上附加一个原材料的固定供求关系，从生产开始就开始保障质量。"公司+农户"的确不同于订单方式的市场组织，农户承诺把产品出售给公司只是数量上的购销关系，而这种准一体化组织具备了农产品质量追溯的条件。对相对独立的农户在生产的上游环节中引入干预，这种质量的"倒逼"机制降低了质量考核方面的交易成本。

5.3.2 保留激励与管理交易成本的节约

伴随着科层组织内实现经营决策和知识的交易，将产生代理成本、监督成本和官僚主义成本。科层组织具有一体化的产权结构，管理交易中涉及劳动力使用权的转让。以反租倒包为例，农户家庭不用费力地考虑如何更好经营等问题，作为交换，农户成为被雇用者。由于是固定索取者，劳动者不再具有独立生产者的生产激励，偷懒是难免的，这将产生代理成本。作为代理人的农户与委托人（公司）目标要求不一致，农户的个人行为给公司带来损失，劳动监督可以降低代理成本。但是，农业生产中尤其是大田作物的劳动，对其实施有效监督需要付出高昂的成本。正如巴泽尔（1988）所言，只要经济在运行，就必然存在私人产权。科层式管理交易所派生的委托代理问题，通过监督来解决，属于交易成本的此消彼长。

以科层行政管理手段体现经营知识和能力，需要集中控制资产的使用。这种方式的管理交易，可以理解为旨在保护资产的产权，即保障资产价值并力求增值最大化。因而，科层组织由于官僚主义产生的损失，也属于一种管理交易成本。对于官僚主义的成因，威廉姆森（1985）认为科层组织在管理复杂性、对错误的宽容以及相互帮助方面表现出与市场不同的倾向性。按照这个思路，官僚主义在农业企业中具体表现在：（1）"所有官僚组织似乎都有爱发号施令的通病"。在农业生产流程中，需要对现场的具体情况灵活掌握和调整，管理者的能力大小受到农业生产复杂性的约束，"瞎指挥"会降低生产效率；（2）"严格的惩罚必须有充分的证据，似是而非的理由行不通"。农业生产的成败可以归结为种子、气候等随机的"运气"因素，管理者很难依据生产结果的好坏对劳动者奖勤罚懒，可能的局面是不奖励积极者也不惩罚偷懒者；（3）"内部经营决策和投资决策会受到更多的政治性支配"。以农业企业雇用流转土地的农户家庭成员为例，因为是土地供给者而自然地成为企业劳动者，这难以避免劳动力素质方面的良莠不齐。

指挥、控制不能看作企业的固有特征（刘东，2003）。进而，管理交易也可以是不完全的控制，如通过指导的方式，实现决策知识和信息的输入。通过经营权的部分让渡，以及农户与公司的主从关系，"公司+农户"组织所实现的也是管理交易。从种植计划的确定，产品质量和数量要求，技术规范的执行，甚至生产中其他细节都由公司决定，但是具体的操作仍然有农户负责。农户既获得了公司统一经营带来的好处，又没有被公司完全控制。

与科层组织完全的控制、指挥不同，主从关系的特殊性在于保留了农户生产阶段的一定自主性。农户仍然类似于市场交易关系中的主体，在生产操作环节具有激励和积极性。在主从关系式的管理交易中，对劳动直接监督是不必要的。而且，这种准一体化组织并不试图把公司与农户的目标完全统一起来，双方没有类似于科层组织的委托代理关系，避免了代理成本。

"公司+农户"组织在资产使用上并不运用行政管理手段。对于农户生产中的机器、设备，既然公司没有购买产权，也就不需要像科层组织那样在生产环节实施控制，借以保障资产的产权价值。公司对于农户的指导主要是生产工艺、生产技术方面，这并不干扰农户家庭组织生产劳动的方式。而家庭生产方式并不存在科层组织的官僚主义现象，与上述情况对比可以发现：（1）农户可以根据农业生产现场的具体情况进行灵活的适应；（2）家庭内部的奖惩更多地依赖非正式制度；（3）家庭能有效地配置劳动力资源。以主从关系为手段实现管理交易，在很大程度上避免了官僚主义成本。

5.4 公司与农户合作中的剩余控制权

"公司+农户"准一体化具有特定的产权配置方式。理论上，准一体化的形成有两种可能的路径：一是农业一体化企业的解体，并向市场组织方式过渡；二是从市场订单的合作关系发展而来。实践中，"公司+农户"更多地体现为订单农业的高级组织形式，而不是一体化的演化结果。农业准一体化组织形成是从承包土地的农户让渡部分经营权开始的。

一般而言，经济组织中的交易涉及两种资产权利：特定权利和剩余权利（哈特，1986）。其中，特定权利可以在契约中明确，而剩余权利在事前不可缔约。拥有产权意味着可以对生产什么、生产多少以及如何生产等进行决策并付诸实施，产权让渡的结果则是交出资产使用的决策权。从资源配置角度，资产的产权与决策权具有一致性。公司与农户之间具有交易成本优势的主从关系，实质上是决策权在组织内的分配方式。"公司+农户"能够实现规模经营，进而提高生产效率，有效的产权配置是其前提。因为，在公司和农户处于合作状态下，同样存在着资产的剩余控制权。

"公司+农户"的生产经营资产主要包括：公司的加工设备，公司管理部门以及营销机构等存在的有形、无形资产等，农户承包的土地，农户的生产设备以及劳动力等。其中，存在剩余控制权的资产主要有三种：（1）公司的经营管理能力。农业生产经营面临着多变的市场环境，随着经济社会发展，产品、工艺等创新活动需要企业家能力来完成，经营管理能力无法通过市场缔约方式获得。（2）农业生产操作环节的人力资本。农业劳动的可标准化程度低，契约中难以就人力资本的使用进行明确的约定。（3）土地要素。农业生产中土地的生产价值受自然、生物因素影响，土地是否具有较强的生产力是在生产中体现而不能在契约中规定。

剩余控制权配置的作用在于促进具有事后效率的事前投资。这里，事后效率是指公司和农户加总收益能否最大化，事前投资指的是或因为过于复杂、难以确定，或因为代表无法确证的管理努力决策，因而无法在契约中明确界定的那种投资（哈特，1986）。实现事后效率，需要双方进行相应的专用性投入，并做出以合作利益为原则的生产决策。投入方面包括农户根据公司对产品的特定需要，对生产条件进行投资，以及在生产过程中运用专门的技能或工艺；公司设置专门针对某种农作物的储藏、生产部门，派出能与农户有效沟通的技术指导人员等。在生产决策方面，农户按照公司对于产品质量的要求进行生产；公司根据市场分析确定农户生产的作物品种、数量，并针对农户生产情况进行帮扶。

能够实现事后效率的事前投资和生产决策不具有完全的可缔约性。由于受到自然、生物条件，以及双方劳动努力程度难以观察的约束，公司与农户合作中针对所有资产的使用进行详细规定，即便可能也是代价高昂。如果不对剩余控制权进行任何配置，公司和农户将只是从各自角度进行生产决策，单纯的订单方式即是如此。当一方的生产决策是基于自身考虑时，机会主义行为很难避免，这将有损另一方的利益。合作收益最大化所需要的活动不会产生，进而减弱了双方事前投资的激励。

由于契约的不完全性，某一方购买对方资产的剩余控制权能使生产决策遵从合作利益最大化的要求，从而促进事前的专用性投入。但是，当一方当事人购入剩余控制权时，另一方就丧失了这些权利，而这必然会引起扭曲（格罗斯曼和哈特，1986）。在公司与农户合作中，剩余控制权的错误配置主要包括两种情况：一是经营权让渡不足，双方基本上是独立地进行生产决策，其结果是失去了增加合作收益的机会；二是经营权的过度转让，获得更多控制权的一方只是在增加自己的收益，而这往往以另一方的利益损失为代价。因此，在"公司＋农户"组织中，各行其是或任由对方做主都可能是有失合作效率的。剩余控制权配置优化的目标是促使出现合作收益最大的生产决策实施，并且在所有可能的方式中产生的扭曲最小。

5.5 "公司＋农户"组织的剩余控制权配置方式

实践中，"公司＋农户"组织存在着剩余控制权的分配。公司通过原材料供给、技术指导部分地控制了农户劳动力和土地的使用。与之对称的是，农户在具体操作环节独立进行生产，减少了公司经营管理的控制范围。在不同背景下，"公司＋农户"在指导次数、指导力度以及农户独立性方面是有差别的。例如，温氏集团带动农户生产发展时，公司对于农户养殖环境的情况进行网络电子监控，这在客观上降低了农户生产的独立性。因而，这种组织可能偏向于主体完全独立的市场形式，或者高度控制的一体化形式。随着剩余控制权配置内容的变化，"公司+农户"具有不同的准一体化程度。

本章关于"公司+农户"剩余控制权配置和准一体化的量化分析，建立在格罗斯曼—哈特—摩尔（G-H-M）模型的基础上。以G-H-M为基础进行拓展是因为农业生产经营中有着相似的模型背景，如公司与农户之间的契约具有不完全性、资产控制与决策主体的变化影响农业生产效率等。此外，G-H-M模型并没有重点考察非一体化和一体化之间的可能产权状态及其发生条件，而这恰好是本章所关注的。

5.5.1 模型的主要变量和基本假定

公司与农户的合作经历两个理论时期。在时刻 0，双方签订了一份关于农产品购销的契约。签约后，农户和公司进行关系专用性投入，分别记为 k_1 和 k_2。在时刻 1，农户和公司做出决策 q_1 和 q_2，并且采取相应的行动。基本假定包括：（1）关系专用性投入 k 具有非契约性。如描述人力资本是相当复杂的，界定劳动的努力程度也很困难。k 不能在契约时完全确定，但是，信息在公司和农户之间的分布对称，当一方做出了专用性投入，另一方是能够知道的。（2）生产决策 q 具有非契约性。因为进入决策考虑的变量有很多，像农户哪天需要收割、公司什么时候进行技术指导等，在时刻 0 不可能确定生产中资源配置的所有方面。但是，q 具有事后的可缔约性，一旦生产所处的经济、自然环境已经处在眼前，双方可以明确该采取什么样的生产决策，并协商达成一致。（3）不考虑公司内部的组织效率与农户的自我管理效率。这个假设的意图是使生产决策能完全得到实施，行动与决策一致。

G-H-M 研究产权配置优化的基本方法是比较分析，因而不妨假设市场环境等变量是既定的，双方的收益主要受到关系专用性投入

第5章 "公司+农户"的组织关系与产权结构

和生产决策的影响。因此,公司和农户在时刻1中从合作中所获得的收益(扣除投入成本后的净值)可以分别记为 $B_1[k_1,\varphi_1(q_1,q_2)]$ 和 $B_2[k_2,\varphi_2(q_1,q_2)]$。函数关系中第一项表示专用性投入本身的成本,及其降低生产成本的作用。第二项是双方的生产决策对收益的综合影响。在本章的研究中,φ_1 可以表示农户生产在多大程度上实际获得了先进的技术,它取决于农户的生产方式、公司的指导方式,这些方式由各自的决策来决定;φ_2 主要表示公司获得农产品的质量,它也取决于农户的生产和公司的技术引导。

B_i 是关于 φ_i 的增函数,即,越是在生产中吸纳了先进的技术,越是产品质量高,农户和公司的收益越高。但是,决策的综合效果 $\varphi_i(q_1,q_2)$ 未必是 q_1、q_2 的增函数或减函数。因为,生产决策之间可能存在着冲突,例如,公司卖力地进行技术指导,但是农户觉得运用新技术比较费脑筋。

变量 q_i 可以代表公司和农户对于资产的控制权。公司或者农户一方有权决定 q_1、q_2 的行动方案,属于一体化的产权关系,即剩余控制权的完全转移。在一体化的农业企业中,土地种养品种、农户什么时间应该劳作、以何种技术进行生产等都是由公司来决定并实施的。由农户决定 q_1、公司决定 q_2 则没有任何剩余控制权的重新配置,即市场组织的产权结构。位于这两种状态之间的准一体化产权结构是:双方的决策既不是独立的,也不是完全由对方做主。如果农户的生产决策越是偏离独立市场地位下的行动方案,越是服从公司的要求,则表明农户经营权的让渡程度越高。由于生产决策具有事前非契约性,剩余控制权分配的含义是明确签约后在什么问题上、在多大程度上谁说了算,即确定 (q_1,q_2) 组合。

由于 k_i、q_i 都具有事前非契约性,收益的多少也不可能在事前明确。因而,公司或农户不可能在缔约时,将尚未产生的净收益转移给对方并索取某种价格。收益同样也具有非契约性。但是,q_i 是可以事后(时刻1)谈判的。为了合作利益的最大化,双方可以就"行动一致"所能产生的增益进行分配,通过价格协定来转移支付。最优的产权结构是使农户和公司事前预期收益的总和最大化,即双方的实际专用性投入和生产决策能实现 $\max\limits_{k_i,q_i} \{B_1[a_1,\varphi_1(q_1,q_2)] + B_2[a_2,\varphi_2(q_1,q_2)]\}$。

5.5.2 剩余控制权影响事前投资的基本逻辑

非一体化可以是考察准一体化产权问题起点。公司与农户各自独立做出决策时的收益状态,是衡量某种剩余控制权重新配置方式是否具有效率的参照。如果经营权的让渡不能使合作收益更多,那么依据帕累托原则,准一体化至少对于其中一方来说是没有必要的。

所有权通过其对事后剩余产生及其分配的影响,也会对事前投资决策发生作用(格罗斯曼和哈特,1986)。分析剩余控制权配置对事前投资的作用,采用的是反向归纳法。首先,考察事前投资既定,双方在某种剩余控制权配置方式下的决策对于收益的影响;其次,再考虑什么样的事前投资可以在这种剩余控制权配置下使收益达到最大化。

(1)事前投资既定时的生产决策及其调整。

给定公司与农户的事前投资 k_1、k_2。非一体化没有剩余控制权的让渡,农户和公司只控制自己的资产。农户和公司彼此不干涉,在各自的生产决策集合 Q_1 和 Q_2 中基于个体利益选择决策,并付诸于相应的行动,因此,农户和公司都是行动完全自由的"理性人"。不妨假定公司和农户各自利益最大化存在唯一的决策组合 $(\hat{q}_1, \hat{q}_2)$。$(\hat{q}_1, \hat{q}_2)$ 是非合作博弈的纳什均衡点,它满足:

$$\begin{cases} \varphi_1(\hat{q}_1,\hat{q}_2) = \max\limits_{q_1 \in Q_1} \varphi_1(q_1,\hat{q}_2) \\ \varphi_2(\hat{q}_1,\hat{q}_2) = \max\limits_{q_2 \in Q_2} \varphi_2(\hat{q}_1,q_2) \end{cases} \tag{5-1}$$

并且,由于 B_i 是关于 φ_i 的增函数,$(\hat{q}_1, \hat{q}_2)$ 使农户和公司达

到了各自利益的最大化。因而,这个决策组合在时刻1时也是帕累托最优的。事前决策的均衡选择未必具有事后效率,即 $(\hat{q}_1, \hat{q}_2)$ 未必能使 $\sum_{i=1}^{2} B_i[a_i, \varphi_i(q_1, q_2)]$ 达到最大。因为,农户选择生产决策 $\hat{q}_1$,并没有考虑在公司事前投资为 k_2 时,$\hat{q}_1$ 能否有利于增加 $B_2[k_2, \varphi_2(q_1, q_2)]$ 的值。类似的,公司的生产决策 $\hat{q}_2$ 也只是考虑在自身投资为 k_2 时,尽可能地通过 φ_2 来增加 B_2,公司不会注意到农户 k_1 的存在以及生产决策对于农户收益的影响。

实现合作收益最大化,任何一方必须考虑对方已经发生的专用性投入及其收益情况。具有事后效率的生产决策组合记为 (q_1^*, q_2^*),它是关于事前投资的函数,其中 $q_1^* = q_1(k_1, k_2)$、$q_2^* = q_2(k_1, k_2)$,满足 $\sum_{i=1}^{2} B_i[a_i, \varphi_i(q_1^*, q_2^*)] \geq \sum_{i=1}^{2} B_i[a_i, \varphi_i(\hat{q}_1, \hat{q}_2)]$。

可见,如果公司和农户各自说了算,B_i 纯粹是一种私人收益。但是,从 B_i 的函数关系看,一方的行为可能影响另一方的收益。独立决策时的个人最优行为,并不能导致合作收益的最大化,这类似于外部性影响问题。(q_1^*, q_2^*) 的存在意味着时刻1时的生产决策组合 $(\hat{q}_1, \hat{q}_2)$ 有帕累托改进的可能性。

当存在事前不能签约的因素时,能实现合作收益最大化的决策 (q_1^*, q_2^*),由时刻0剩余控制权的配置状态和时刻1公司与农户之间的重新协商来决定。既然非一体化状态"锁定"了 $(\hat{q}_1, \hat{q}_2)$,帕累托改进剩下的途径是:双方在时刻1开始,明确了对于合作收益有利的决策组合后,针对 (q_1^*, q_2^*) 重新协商,并且对于由此而带来的收益变化进行讨价还价。

当事先不可能完全知道的情况已经可以确定,双方可以签订一份新的契约而有所得①。这份新的契约所包含的必要内容是公司和农户行动方案的调整,以及购销价格的变化。正如科斯定理所言,初始的

---

① 在双边治理下,无需每一时期都重新签约,这是关系性契约的优点之一。

产权配置未必是具有经济效率的。当非一体化产权关系没有事后效率时,可以通过重新议价来调节产权配置的效率①。这里,讨价还价的核心是如何分配合作收益的增加部分。除非双方因为实现(q_1^*,q_2^*)所增加的收益相等,否则其中一方需要放弃相对更多的增益以便实现事后的行动一致。时刻1的重新谈判可以理解为产权的交易,是对原先没有分割的剩余控制权进行事后的界定。

讨价还价达成一致的结果是,一方对于另一方而言,在契约重新定价上做出让步,看起来像是直接的转移支付。当一方基于合作收益最大的生产决策更加偏离独立决策时,这种转移支付更像是放弃自己单方利益而获得的一种补偿。谁放弃的独立性多,谁将获得的更多。在非一体化下,双方原本有完全的独立性。不妨认为重开谈判时,对于合作增益的分享比例是 1:1。

因而,通过契约定价调整 Δp 所实现的转移支付满足:

$$\begin{cases} B_1[k_1,\varphi_1(q_1^*,q_2^*)] - \Delta p = B_1[k_1,\varphi_1(\hat{q}_1,\hat{q}_2)] + \frac{1}{2}\Delta B \\ \qquad\qquad\qquad\qquad\qquad\overset{\Delta}{=} \xi_1(k_1,k_2,\hat{q}_1,\hat{q}_2) \\ B_2[k_2,\varphi_2(q_1^*,q_2^*)] + \Delta p = B_2[k_2,\varphi_2(\hat{q}_1,\hat{q}_2)] + \frac{1}{2}\Delta B \\ \qquad\qquad\qquad\qquad\qquad\overset{\Delta}{=} \xi_2(k_1,k_2,\hat{q}_1,\hat{q}_2) \end{cases} \quad (5-2)$$

$\Delta B = B_1[k_1,\varphi_1(q_1^*,q_2^*)] + B_2[k_2,\varphi_2(q_1^*,q_2^*)] - B_1[k_1,\varphi_1(\hat{q}_1,\hat{q}_2)] - B_2[k_2,\varphi_2(\hat{q}_1,\hat{q}_2)]$ 为合作收益增量。

(2)最优事前投资决定及其扭曲。

$\xi_1(k_1,k_2,\hat{q}_1,\hat{q}_2)$ 和 $\xi_2(k_1,k_2,\hat{q}_1,\hat{q}_2)$ 分别是公司和农户事前投资既定,存在事后重新协商定价时的最终收益状况。根据上述分析,可以进一步表示为 $\xi_1[k_1,k_2,\hat{q}_1(k_1),\hat{q}_2(k_2)]$ 和 $\xi_2[k_1,k_2,\hat{q}_1(k_1)$,

---

① 科斯定理的扩展含义是产权(剩余权利)的配置不当不能阻碍交易双方对于产权的事后修正。正如贝克尔所言,产权从来就没有完全地界定过。

$\hat{q}_2(k_2)]$。因此,公司和农户可以在投资集 K_1 和 K_2 中选择事前投资,使 ξ_1 和 ξ_2 在非一体化背景下达到最大。

按照 ξ 的函数关系,公司和农户在事前投资选择上存在相互影响。最优投资方案是纳什均衡解,记为 $(\hat{k}_1, \hat{k}_2)$。它满足:

$$\begin{cases} \xi_1[\hat{k}_1, \hat{k}_2, \hat{q}_1(\hat{k}_1), \hat{q}_2(\hat{k}_2)] = \max_{k_1 \in K_1} \xi_1[\hat{k}_1, k_2, \hat{q}_1(\hat{k}_1), \hat{q}_2(k_2)] \\ \xi_2[\hat{k}_1, \hat{k}_2, \hat{q}_1(\hat{k}_1), \hat{q}_2(\hat{k}_2)] = \max_{k_2 \in K_2} \xi_2[\hat{k}_1, k_2, \hat{q}_1(\hat{k}_1), \hat{q}_2(k_2)] \end{cases}$$

(5-3)

事前投资最优,经事后协商改进的收益总和为 $\sum_{i=1}^{2} \xi_i[\hat{k}_1, \hat{k}_2, \hat{q}_1(\hat{k}_1), \hat{q}_2(\hat{k}_2)]$。此时,公司和农户分别实现自身的收益最大化,$(\hat{k}_1, \hat{k}_2)$ 满足一阶条件:$\frac{\partial \xi_i}{\partial k_i} = 0$,$i = 1, 2$。由于时刻 1 的生产决策是基于时刻 0 事前投资的最优选择,即 $\frac{\partial q_i}{\partial k_i} = 0$,$i = 1, 2$,满足包络定理的条件。根据 ξ_1 和 ξ_2 的定义式,$(\hat{k}_1, \hat{k}_2)$ 满足:

$$\frac{1}{2} \frac{\partial B_i[k_i, \varphi_i(\hat{q}_1, \hat{q}_2)]}{\partial k_i} + \frac{1}{2} \frac{\partial B_i[k_i, \varphi_1(q_1^*, q_2^*)]}{\partial k_i} = 0, i = 1, 2$$

(5-4)

根据前面,双方收益总和最大化的生产决策组合是 (q_1^*, q_2^*)。使双方收益总和最大化的事前投资记为 (k_1^*, k_2^*),它满足:

$$\frac{\partial B_i[k_i, \varphi_1(q_1^*, q_2^*)]}{\partial k_i} = 0, i = 1, 2$$

(5-5)

比较式(5-4)和式(5-5)可知,非一体化条件下事前投资不能实现双方收益总和最大化。相比 (k_1^*, k_2^*) 而言,$(\hat{k}_1, \hat{k}_2)$ 存在着事前投资扭曲。式(5-4)中的前一项 $\frac{1}{2} \frac{\partial B_i[k_i, \varphi_i(\hat{q}_1, \hat{q}_2)]}{\partial k_i}$ 意味着农户和公司在选择事前投资时,没有 100% 的关注于事后有效

的生产决策。而是在投资选择上,一半(一边)考虑"自私"的生产决策($\hat{q}_1$, $\hat{q}_2$),一半(一边)考虑具有合作效益的(q_1^*, q_2^*)。而且,投资的边际收益越大,事前扭曲对于收益总和的影响越大。没有剩余控制权的让渡,使($\hat{q}_1$, $\hat{q}_2$)偏离(q_1^*, q_2^*),反过来使($\hat{k}_1$, $\hat{k}_2$)偏离(k_1^*, k_2^*),(将可能)失去增加双方总收益的可能性。

5.5.3 准一体化的剩余控制权配置效率

与非一体化时双方独立进行决策不同,一体化的产权结构是公司拥有着农户资产的全部剩余控制权。对于合作收益最大化来说,非一体化有着"各行其是"的缺陷,然而一体化也未必是有效的。一个简单的例子是,农户的生产决策对于公司的收益几乎没有影响。在这种背景下,让公司获得农户资产的剩余控制权,并不影响公司的收益,倒是可能有损于农户的利益。

在一体化情形下,农户的生产决策 q_1 由公司决定。双方进行事前投资后,公司将选择决策组合($\bar{q}_1$, $\bar{q}_2$),它满足 $\varphi_2(\bar{q}_1, \bar{q}_2) = \max\limits_{q_1 \in Q_1, q_2 \in Q_2} \varphi_2(q_1, q_2)$[①],这里双方没有非合作博弈关系。与非一体化情况类似,($\bar{q}_1$, $\bar{q}_2$)一般并不是事后的帕累托最优状态。时刻1,公司可以调整决策,使其达到事后最优(q_1^*, q_2^*)。农户虽然没有决策权,但 q_1^* 付诸于实际行动有赖于农户。因此,公司仍然需要与农户重新讨价还价,才能在提高 $\sum\limits_{i=1}^{2} B_i[a_i, \varphi_i(q_1, q_2)]$ 的条件下获得更多的收益 B_1。

控制决策不等于控制行动。因此,与前面一样,总收益增量的分割比例仍然假定是 1∶1。类似的分析可知,公司和农户的最终收益分别是 $\xi_2(k_1, k_2, \bar{q}_1, \bar{q}_2)$ 和 $\xi_1(k_1, k_2, \bar{q}_1, \bar{q}_2)$。进一步,实际的事前投

---

① 与非一体化类似,公司仍然无法知道事后的最优决策组合,只能达到事先最优。

资 ($\bar{k}_1$, $\bar{k}_2$) 满足：

$$\frac{1}{2}\frac{\partial B_i[k_i,\varphi_i(\bar{q}_1,\bar{q}_2)]}{\partial k_i}+\frac{1}{2}\frac{\partial B_i[k_i,\varphi_1(q_1^*,q_2^*)]}{\partial k_i}=0 \quad (5-6)$$

这同样不满足最优投资的必要条件：$\frac{\partial B_i[k_i,\varphi_1(q_1^*,q_2^*)]}{\partial k_i}=0$。
公司和农户在做出事前投资选择时，一半考虑了"公司控制"的生产决策 ($\bar{q}_1$, $\bar{q}_2$)，一半也能考虑到具有合作效益的 (q_1^*, q_2^*)。事前投资 ($\bar{k}_1$, $\bar{k}_2$) 仍有可能偏离 (k_1^*, k_2^*) 而存在扭曲。

当所有权结构是非一体化或一体化时，剩余控制权配置状态不同。当做出生产决策的主体变化时，存在着 ($\hat{q}_1$, $\hat{q}_2$) $\neq$ ($\bar{q}_1$, $\bar{q}_2$)。虽然，不同决策权分配都可以通过事后重新协商都达到 (q_1^*, q_2^*)，但是 $\xi_i[k_1,k_2,\hat{q}_1(k_1),\hat{q}_2(k_2)]\neq\xi_i(k_1,k_2,\bar{q}_1,\bar{q}_2)$，不同的剩余控制权配置影响事后收益分配状况。进而，剩余控制权对事前投资发生作用，都是偏离 (k_1^*, k_2^*)，但是 ($\hat{k}_1$, $\hat{k}_2$) $\neq$ ($\bar{k}_1$, $\bar{k}_2$) 不一样。可见，不同的所有权结构都可能会对事前专用性投资产生不同程度的扭曲。

理论上，当事前决策 (q_1, q_2) 更接近于 (q_1^*, q_2^*) 时，从而事前投资扭曲更少，表明剩余控制权配置更优。扭曲的程度具体取决于双方在生产和收益上的联系，因此，非一体化和一体化未必总是效率最低的。在前面一般性分析的基础上，以下考察三种特殊的情形。

第一种情形是"决策可分离的生产"。收益函数的特点是 $\varphi_i \approx f_i(q_i)$，即与生产决策组合密切关联的 φ 项基本上只受到自己的影响，双方的决策对于收益状况互不影响。假设 φ 项是线性的，其具体形式可以是 $\varphi_1=\alpha_1(q_1)+\varepsilon_1\cdot\beta_1(q_2)$ 和 $\varphi_2=\alpha_2(q_2)+\varepsilon_2\cdot\beta_2(q_1)$，其中的关键是 ε_1 和 ε_2 都接近于零。非一体化是"决策可分离的生产"适宜的剩余控制权结构。

当事前投资既定时，农户和公司在时刻1仍将分别选择生产决策 $\hat{q}_1$、$\hat{q}_2$，分别使 φ_1、φ_2 达到最大。不仅如此，在 $\varphi_i \approx \alpha_i(q_i)$ 条件

下,双方独立选择所形成的决策组合 ($\hat{q}_1$, $\hat{q}_2$) 也是 φ_1 和 φ_2 几乎同时达到最大的充分条件。由于收益函数 B_i 是关于 φ_i 的增函数,($\hat{q}_1$, $\hat{q}_2$) 能使合作双方的总收益 $\sum_{i=1}^{2} B_i(a_i, \varphi_i)$ 达到最大。因而,事前决策基本上已经具有事后效率,即 ($\hat{q}_1$, $\hat{q}_2$) ≈ (q_1^*, q_2^*)。进一步,事前投资扭曲程度主要是衡量式(5-4)和式(5-5)差距。由于式(5-7)成立,专用性投入的扭曲最小,即 ($\hat{k}_1$, $\hat{k}_2$) ≈ (k_1^*, k_2^*)。

$$\frac{1}{2}\frac{\partial B_i[k_i, \varphi_i(\hat{q}_1, \hat{q}_2)]}{\partial k_i} + \frac{1}{2}\frac{\partial B_i[k_i, \varphi_i(q_1^*, q_2^*)]}{\partial k_i} \approx \frac{\partial B_i[k_i, \varphi_i(q_1^*, q_2^*)]}{\partial k_i}$$

(5-7)

现实中比较接近"决策可分离的生产"情形的可能是,公司继续生产时对于作为原料的农产品质量要求不高,如没有自营品牌的中间商进行包装、集中销售等。同时,农户对于技术指导也没有什么渴求,例如,在普通作物的生产中,农户或许比公司更有经验。在这种情况下,公司和农户之间几乎难以观察到主从关系。农户拥有几乎全部的经营权,只是放弃了品种和产量的选择,当然公司的经营活动也无须替农户考虑,双方的关系更接近于一般的市场交易。

第二种情形是"公司依赖决策的生产"。与第一种情形下 φ_i ≈ $f_i(q_i)$ 不同,农户和公司的收益函数中 $\varphi_i = f_i(q_1, q_2)$。而且,比较特殊的是农户 $\varphi_1 = \alpha_1 + \varepsilon_1 \cdot \delta(q_1, q_2)$,其中 ε_1 ≈ 0。一体化是"公司依赖决策的生产"适宜的剩余控制权结构。

如果仍然采用非一体化的产权配置,农户将独立做出最优的(事前)生产决策 $\hat{q}_1$,使 $\max \varphi_1$ 达到最大。由于 ε_1 ≈ 0,$\hat{q}_1$ 几乎不受 $\hat{q}_2$ 的影响。但是,$\hat{q}_1$ 限制了公司选择事前最优决策的可选集合,换句话说,公司对于事前决策 $\hat{q}_2$ 的选择需要以 $q_1 = \hat{q}_1$ 为前提,这使公司只能达到次优的 φ_2。因而,($\hat{q}_1$, $\hat{q}_2$) ≠ (q_1^*, q_2^*),非一体化的决策组合不能使双方总收益达到最大,即不具有事后效率。

假设公司完全控制下,使 φ_2 最优的事前决策是 ($\bar{q}_1$, $\bar{q}_2$)。由于

q_1 的（变化）调整对于农户收益的影响不大，因此 $\bar{q}_1 \approx \hat{q}_1$ 成立。这意味着"公司替农户做出的决策"非常接近于农户个体的最优事前决策。公司"包办"下的决策 $(\bar{q}_1, \bar{q}_2) \approx (q_1^*, q_2^*)$，能使双方总收益达到最大。进一步，事前投资选择接近于最优选择条件。公司控制下双方专用性投入的扭曲最小，即 $(\bar{k}_1, \bar{k}_2) \approx (k_1^*, k_2^*)$。

$$\frac{1}{2}\frac{\partial B_i[k_i, \varphi_i(\bar{q}_1, \bar{q}_2)]}{\partial k_i} + \frac{1}{2}\frac{\partial B_i[k_i, \varphi_1(q_1^*, q_2^*)]}{\partial k_i} \approx \frac{\partial B_i[k_i, \varphi_1(q_1^*, q_2^*)]}{\partial k_i}$$

(5-8)

在"公司依赖决策的生产"情形下，农户几乎无须关心生产决策。双方总收益最大化离不开公司的生产决策。如果农户拥有一定的决策权，将损害公司的利益，最终也不利于农户自身。农户毕竟可以通过再协商而提高自己的收益水平，如果农户的决策对于公司不利，将失去提高自身收益的可能空间。例如，农产品质量对于公司来说非常重要，但是农户只需要提供一般性的场地和劳动力时，由公司制订品种、产量以及成本计划是比较适合的。这方面的反例是"瘦肉精事件"。对于普通品种以及生产过程并不复杂的情况，从产权激励来说，农户保留太多的生产决策是没有必要的。正是因为公司放弃了生产指导和成本控制，农户仍然有节约生产成本的主动权，导致了农户的"掺假"行为。结果是公司产生直接损失，农户则失去长期的合作伙伴，导致间接损失。"瘦肉精事件"后，双汇集团着手在生猪养殖中重现企业管理，国家政策也开始鼓励类似的企业采用一体化组织模式，这些应对措施符合产权配置的效率逻辑。

第三种情形是"决策相互依赖的生产"。与第二种情形类似的是 $\varphi_i = f_i(q_1, q_2)$，但是公司和农户各自的生产决策存在相互影响。$\varphi$ 的线性形式可以是 $\varphi_1 = \alpha_1(q_1) + \varepsilon_1 \cdot \beta_1(q_2)$ 和 $\varphi_2 = \alpha_2(q_2) + \varepsilon_2 \cdot \beta_2(q_1)$，其中 ε_1、$\varepsilon_2 \gg 0$，这是与第一种情形的主要区别。准一体化是"决策相互依赖的生产"适宜的剩余控制权结构。

如果按照非一体化方式，仍然把农户和公司最优的事前决策记为

$(\hat{q}_1, \hat{q}_2)$。根据均衡的反应函数及其一阶必要条件，$(\hat{q}_1, \hat{q}_2)$ 满足 $\frac{\partial \varphi_1}{\partial q_1}\bigg|_{(\hat{q}_1,\hat{q}_2)} = 0$ 和 $\frac{\partial \varphi_2}{\partial q_2}\bigg|_{(\hat{q}_1,\hat{q}_2)} = 0$。但是，合作收益最大化的另外的必要条件还包括 $\frac{\partial \varphi_1}{\partial q_2}\bigg|_{(\hat{q}_1,\hat{q}_2)} = 0$ 和 $\frac{\partial \varphi_2}{\partial q_1}\bigg|_{(\hat{q}_1,\hat{q}_2)} = 0$，这些关系未必成立。因此，$(\hat{q}_1, \hat{q}_2)$ 并不是事后有效率的生产决策组合，即 $(\hat{q}_1, \hat{q}_2) \neq (q_1^*, q_2^*)$。

这种情形下采用非一体化方式，存在着事前投资扭曲 $(\hat{k}_1, \hat{k}_2) \neq (k_1^*, k_2^*)$。其扭曲程度主要取决于 $\frac{1}{2}\frac{\partial B_i[k_i, \varphi_i(\hat{q}_1,\hat{q}_2)]}{\partial k_i} + \frac{1}{2}\frac{\partial B_i[k_i, \varphi_i(q_1^*,q_2^*)]}{\partial k_i}$ 和 $\frac{\partial B_i[k_i, \varphi_i(q_1^*,q_2^*)]}{\partial k_i}$ 的差距。

如果由公司拥有全部的剩余控制权，仍把公司的决策记为 $(\bar{q}_1, \bar{q}_2)$。此时，$(\bar{q}_1, \bar{q}_2)$ 对于公司来说，满足 $\frac{\partial \varphi_2}{\partial q_2}\bigg|_{(\bar{q}_1,\bar{q}_2)} = 0$ 而且 $\frac{\partial \varphi_2}{\partial q_1}\bigg|_{(\bar{q}_1,\bar{q}_2)} = 0$，公司的 φ 以及预期收益可以达到最大。但是通常 $\frac{\partial \varphi_1}{\partial q_1}\bigg|_{(\bar{q}_1,\bar{q}_2)} \neq 0$ 而且 $\frac{\partial \varphi_1}{\partial q_2}\bigg|_{(\bar{q}_1,\bar{q}_2)} \neq 0$。因此，$(\bar{q}_1, \bar{q}_2)$ 也不能使双方合作收益最大化，即 $(\bar{q}_1, \bar{q}_2) \neq (q_1^*, q_2^*)$。此时，事前投资扭曲 $(\bar{k}_1, \bar{k}_2) \neq (k_1^*, k_2^*)$ 的程度则主要取决于 $\frac{1}{2}\frac{\partial B_i[k_i, \varphi_i(\bar{q}_1,\bar{q}_2)]}{\partial k_i} + \frac{1}{2}\frac{\partial B_i[k_i, \varphi_i(q_1^*,q_2^*)]}{\partial k_i}$ 和 $\frac{\partial B_i[k_i, \varphi_i(q_1^*,q_2^*)]}{\partial k_i}$ 的差距。

公司和农户的合作处于"决策相互依赖的生产"背景下，非一体化或一体化都不是适宜的产权结构，剩余控制权的配置方式需要在两种方式之间寻找。准一体化下的生产决策既不是完全独立，也不是一方完全的控制，而是决策的协调和利益的权衡。不妨将准一体化的事前决策组合记为 $(\tilde{q}_1, \tilde{q}_2)$。

假定 $\beta_1(q_2)$ 和 $\beta_2(q_1)$ 的函数形式既定，公司与农户生产决策对于收益的相互影响主要取决于 ε_1、ε_2 系数的大小。例如，当 $\varepsilon_2 > \varepsilon_1$ 时，农户的活动对于公司的影响更为显著。

如果函数具有连续性，可以在 $\hat{q}_1$ 和 $\bar{q}_1$ 之间选择 $\tilde{q}_1$，与 $\tilde{q}_2 = \bar{q}_2$ 一起构成 $(\tilde{q}_1, \tilde{q}_2)$，使 $\left.\frac{\partial \varphi_2}{\partial q_2}\right|_{(\tilde{q}_1, \tilde{q}_2)} = 0$、$\left.\frac{\partial \varphi_2}{\partial q_1}\right|_{(\tilde{q}_1, \tilde{q}_2)} \approx 0$、$\left.\frac{\partial \varphi_1}{\partial q_1}\right|_{(\tilde{q}_1, \tilde{q}_2)} \approx 0$ 成立。虽然一般来说仍然有 $\left.\frac{\partial \varphi_1}{\partial q_2}\right|_{(\tilde{q}_1, \tilde{q}_2)} \neq 0$，但是，相比 $(\bar{q}_1, \bar{q}_2)$ 来说，$(\tilde{q}_1, \tilde{q}_2)$ 组合更接近于事后有效的 (q_1^*, q_2^*)。$(\tilde{q}_1, \tilde{q}_2)$ 组合的含义是：公司控制自己的决策，并且给予农户决策一定的独立性。因为 $\varepsilon_2 > \varepsilon_1$，满足上述条件的 $\tilde{q}_1$ 将更加接近于 $\bar{q}_1$，$(\tilde{q}_1, \tilde{q}_2)$ 代表的准一体化程度更高。当 $\varepsilon_2 < \varepsilon_1$ 时，类似的分析可知，$(\tilde{q}_1, \tilde{q}_2)$ 更接近于非一体化状态。

从数量关系看，如果 ε_2 的值越大，公司在选择生产决策时，需要附加在农户方面的权重将越大，公司对于农户的更多控制可以增加自身的较多的收益。同时，公司的控制对于农户的影响相对不显著（权重 ε_1 较小）。这种控制的增加和产权调整对于双方合作收益的净效应是增加的；反之，产权结构则不适于太多的偏离市场交易的产权关系。其实，不难发现第一种情形、第二种情形中 ε_1 或 ε_2 等于 0，是这里讨论的 ε_i 大小关系的特例。换句话说，市场、科层组织的产权关系是理论的两个极端，而准一体化可能是产权配置的普遍方式。

5.6 小　　结

本章主要考察"公司＋农户"组织存在的产权交易问题。作为没有土地流转的规模经营，"公司＋农户"以土地经营权的部分让渡作为基础。因此，公司和农户之间既不是纯粹的市场交易关系，也不是完全的控制与被控制，而是存在着"主从关系"。

准一体化的产权优势在于公司与农户形成了联合产权，一方面基于个体利益的产权外部性问题得以内部化，另一方面又保留了适当的个体产权激励。生产权与经营权的结合使"主从关系"具有节约交易成本的组织优势。"公司+农户"不仅能节约市场交易成本，也可以减少科层的管理交易成本。

"主从关系"不是观念上的产物，而是剩余控制权有效配置的结果。由于不完全契约，所有权结构影响着合作双方潜在的总收益。准一体化关系存在的逻辑是：在公司与农户的合作中，非一体化或一体化带来的事前投资的扭曲程度较高，而准一体化能促进对双方事后有利的专用性投入。

得到有效激励的事前关系专用性投入存在着事后保障问题，准一体化的产权结构需要相应的契约关系来维系。"公司+农户"组织存在着特殊的契约支撑，准一体化也存在着一定的适用范围。

"公司+农户"
准一体化机理与
超市场契约定价
Chapter 6

第6章 "公司+农户"的超市场契约及定价机制

"公司+农户"准一体化机理与超市场契约定价

"公司+农户"剩余控制权的配置方式使这种组织具有准一体化特征,农户不是独立地进行生产经营,公司也没有对农户的劳动进行监督。在公司的带动下,企业家经营活动与农户个别生产实现了统分结合。这种特殊的结合借助于土地经营权部分让渡,并形成双方的主从关系。而且,公司与农户之间同时存在着商品交易和管理交易活动。因而,体现产权关系、维系双方合作的不能是纯粹的市场或科层组织的缔约方式。

正如学界的一致共识,公司与农户形成的利益共同体是建立在关系型契约与相应的治理基础上(万俊毅,2008;罗明忠,2010;聂辉华;2012)。进一步,准一体化组织中的关系型契约具有超市场的属性(刘东、徐忠爱,2004)。超市场契约可以应对相对复杂的交易,公司与农户在生产经营中缔结超市场契约,有助于实现持续、紧密的合作。"公司+农户"实践仍在进行,需要回答的是在农业领域中,交易复杂性的具体含义以及超市场契约的大致适用范围是什么?公司与农户之间超市场缔约活动的主要内容有哪些?适当的契约定价能推动双方的合作,超市场契约定价方式有哪些?又是如何体现合作共赢与分享的呢?本章从交易成本经济学关于契约组织的一般逻辑出发,研究"公司+农户"的具体契约安排。

6.1 公司与农户的超市场缔约

选择适当的契约及相应的治理方式是公司与农户实现稳定合作的前提。威廉姆森在研究组织能否适应环境变化问题时借鉴麦克奈尔的观点,把针对不同交易的契约类型划分为:古典契约、新古典契约以及关系型契约[①]。在农业经济组织中,同样存在着这三种契约关系。

[①] 威廉姆森(1979)进一步将关系型契约划分为双边治理和统一规制两种类型。本书研究的"公司+农户"准一体化组织中不存在统一规制而是双边依赖和双边治理,因而,后面将直接使用超市场契约(刘东、徐忠爱,2004)概念展开研究。如果没有特别的说明,它指的是超市场契约在准一体化组织中的具体表现。

第6章 "公司+农户"的超市场契约及定价机制

古典契约是纯粹市场交易的手段，公司与农户缔结简单的订单合同是典型的例子。农产品价格和数量经过讨价还价确定下来，订单内容中没有考虑事后的协商问题。古典契约要求对物品或劳务供给过程中将来可能发生的各种有关意外情况都按照似然或未然原则进行描述和贴现（威廉姆森，1979）。这意味着古典契约的条款内容要做到尽可能的详细，其前提则是缔约方事先拥有足够的关于交易的信息。而农业生产普遍具有自然、生物周期性特征，不确定性和市场波动问题显著。当意料之外的情况发生时，古典契约关系并不支撑协商解决，双方都可以按照个人利益最大化各行其是，其结果往往是有一方不履约和交易中止。因而，订单合同容易被毁约。在我国订单农业的违约率曾经高达80%（刘凤芹，2003）。通过古典缔约方式难以形成稳定的公司与农户合作关系。

新古典契约比古典契约具有灵活性，在契约内容安排上留有重新协商的余地。一旦情况与缔约时相比发生变化，对于双方协商不成的价格、数量、质量等问题，通常交给仲裁机构进行协调。在这种契约关系下，面临没有预见到的分歧，既不轻易毁约也不是通过诉讼来解决，而是借助于具有中介性质的第三方来维持继续交易。农业中比较接近新古典缔约方式的，如在公司与农户的购销订单中，允许农业协会、合作社的介入和沟通双方。有效的事后协调，可以增强双方的紧密关系，促进长期合作。但是，农业协会、合作社等中介的组成主体是农户，这未必满足仲裁的独立性要求。同时，其他的仲裁结构尚未在农村充分发展。以新古典契约支撑公司与农户的合作，缺少必要的法律和社会条件。

相比古典契约和新古典契约，超市场契约具有以下主要特征：(1) 强调合作目标和总体原则而不是单方利益；(2) 交易关系不只是存在于交换过程中还发生在生产领域；(3) 对于交易价格等契约内容运用灵活的调整机制而不是事先确定或随行就市；(4) 交易双方没有独立市场主体的决策权；(5) 对于不确定环境下可能冲突的处理方式依赖于双边治理等。目前,农业领域的超市场契约主要存在于"公司+农户"组织中。例如,温氏集团、内蒙古塞飞亚集团与农户之间的缔约方式具有超市场契约属性,双方交易的框架性、适应性和依存性等方面的具体表现见表6.1。

表6.1　　　　　公司与农户缔约的超市场契约特征

	合作目标和原则	交易关系	农户生产独立性	公司经营独立性	交易价格
广州温氏集团	公司和农户对于养殖利润"五五分成"	公司供应鸡苗、饲料等,提供生产指导	规定养殖规模大小区间;鸡舍的建设标准	公司调整鸡苗、饲料价格的幅度小于10%	原材料的内部流程价和可调的成鸡回收价结合
内蒙古塞飞亚集团	保证农户在扣除养殖成本后每只净赚2.5元	公司提供雏鸭、鸭饲料等,提供免费技术指导	规定最小养殖规模;按公司技术要求养殖	公司不能以任何理由拒收成品	饲料高价、回收成品鸭按照成本加利润确定

超市场契约的形成属于关系缔约活动,但是未必以交易双方存在抽象的"关系"为前提。交易双方也许有着某种社会关系,如同村人,或者有过密切交往等。认为既有的关系能促进履约,并以此解释超市场契约的形成和适用性,可能有同义反复之嫌。因为,关系也可以是在合作中逐步形成的,而不是预先存在的。

诚然,包含合作观念在内的非正式制度影响着超市场契约。但是,这并没有弱化正式制度以及文本条款对于组织交易的意义。交易的关键问题是解决合作的可能冲突(康芒斯,1934)。超市场缔约活动之所以发生,在于农业生产经营和交易方面的一些特征,要求具有灵活性、适应性的契约安排对双方进行协调。

6.2　超市场契约在农业中的适用范围

对于农业生产经营而言,超市场契约是应对复杂交易的理想手段。超市场契约案例研究大多集中于养殖、果蔬等农业门类,而在粮食作物中较为少见。这暗示着,超市场契约并不总是优于古典或新古典契约,在农业领域可能存在着超市场契约发挥有效作用的适用范围。依照威廉姆森的观点,超市场缔约活动的发生与交易的经常性和非标准化密切相关。在农业生产经营中,双方是否经常交易,在买方需求既定的情况下,主要取决于农产品的成熟周期。交易的标准化,可以从生产投入、销售方式以及产品的可替代性方面来理解。

在农业中,普通粮食作物一类的交易是标准化程度较高的。农户在生产中劳动力、劳动工具等投入不具有专用性,公司购买农户生产的粮食后也是使用较为通用的设备进行加工。产品没有特定的消费人群,销售部门无须专设营销场地、专门培训销售人员。像普通粮食作物,一般具有竞争性的市场背景,不同品种的产品从消费的角度具有较强的可替代性。

禽畜养殖中[①]要搭建具备供水、通风、温控、喂料等专用设备的房舍,生产和加工者需要拥有更加专门化的知识和经验。对购买禽畜成品进行加工的公司而言,流水线、冷库等比粮食加工的资产专用性要高。对于市场少见的品种,还需要单独设置直销店,以便形成品牌效应。此外,禽畜品种在口感、营养价值方面的差异性显著,不同品种具有相互分割的市场,相互之间替代性较弱。

对于果蔬类生产,可以不使用具有专用性的生产设备,但是需要特殊的生产知识和技能。同一作物的不同品种之间,对消费者来说具有一定的可替代性。如果没有滴灌、喷淋等一类的专门投入,总体上果蔬类交易的标准程度大致介于粮食和养殖业之间。

非标准化的交易催生了超市场缔约活动的需要。随着交易所涉及的物质资产、人力资本专用性程度的提高,在机会主义动机驱使下,容易产生"敲竹杠"现象,从而使交易与合作不能延续。非标准化

---

① 渔业中交易的标准化情况基本上与禽畜养殖类似。

交易面临毁约威胁时，公司难以临时找到其他的农产品供应者，将对其加工、经营等活动的连续性带来负面影响；农户一时找不到具有特殊需求的其他买家，由于农产品大多存在储藏、保鲜等方面的要求，农产品卖不掉会遭受损失。

非标准化使交易具有关系专用性（威廉姆森，1985），公司和农户保持连续的合作对双方而言就是重要的。在古典契约下，通过法律手段防范机会主义的影响，起诉、索赔意味着关系的破裂。而且，非标准化交易在生产过程、质量评价方面的信息，不参与生产经营活动的第三方，不容易进行准确识别。即便双方可以找到中介机构，以新古典契约的仲裁手段促成交易的继续也会受到信息的制约。而超市场契约的灵活调整特点可以适应交易环境的变化，并借助于及时沟通、协商等治理方式来防范机会主义行为的干扰。

交易的经常性是影响契约选择的另一个因素。与超市场契约对应的交易治理方式，需要花费一定的成本。公司与农户日常的信息和技术沟通，公司在农户遇到自然灾害时的补贴和让利等，这些都是超市场契约中才出现的协调成本。如果只是数次交易，那么治理成本的分摊是不经济的。因而，超市场契约适用于频率较高的交易。

公司的需求是一回事，农产品能否经常交易要看农作物育种（苗）时间以及生产周期的长短。品种、技术、自然条件既定的情况下农作物从幼苗到成熟具有相对稳定的生产周期。对于普通的品种，热带地区的水稻、北方的春小麦的生长周期是 4 个月左右，猪的最佳出栏时间是 6 个月左右，鸡、鸭的出栏期是 7 周左右等。但是，不能就此认为水稻、小麦的交易经常性属于中等。由于小麦、水稻的播种时间点通常是不变的，所有农户几乎同时播种、同时收割，而禽畜的开始生长时间在不同农户间是交错的。如果播种时间存在比较严格的限制，那么采购时间也是相对固定的。

因此，从公司的视角看，与禽畜养殖比较粮食作物不属于经常的交易对象。基于类似的考虑，蔬菜种植在 1 年中有很多茬口，同一地块或大棚可以同时种植各种类别的蔬菜，交易的经常性程度可能是最高的。

如果暂时不考虑市场波动和自然因素的不确定性[①]，按照交易专用性和交易频率，不妨把超市场契约按照农作物分类的大致适用范围概括为表 6.2。

表 6.2　　　　　　　　农作物种类与缔约方式选择

	交易专用性低	交易专用性中	交易专用性高
交易频率小	普通粮食 （市场缔约）	特种粮食 （市场缔约）	特种瓜果 （超市场缔约）
交易频率中	散养禽畜 （市场缔约）	普通禽畜、普通瓜果 （市场缔约或超市场缔约）	特种禽畜 （超市场缔约）
交易频率大	露天普通蔬菜 （市场缔约）	露天特种蔬菜 （超市场缔约）	大棚蔬菜 （超市场缔约）

6.3　"公司+农户"超市场契约的条款安排

经济组织的核心问题是适应性（威廉姆森，1991）。对于非标准化的交易，当交易环境变化时，为了保障利益交易方可能希望修改契约条款。但是，如果重新谈判，专用性投入较多的一方将会因为"套牢"而面临要挟。不仅如此，反复协商、讨价还价意味着组织承担了更多的交易成本。

超市场契约可以把不确定性因素纳入考虑，并且制定框架式、灵活适应变化的条款。适当的契约安排能减少了机会主义行为的"可乘之机"，规避经济组织中狭隘的个人利益最大化倾向。交易中可能

[①] 后面将考虑不确定性因素对契约内容安排的影响。对于契约选择而言，不确定性程度提高将增强超市场契约的有效性，但是在考察适用范围时可以暂不考虑，不妨假定不确定性适中。

存在着一些具有不确定性的因素，有针对性的条款设计能起到事后协调争议、解决分歧并产生一致行动的作用。对于关系专用性交易，这些条款主要集中于交易对象的数量、质量以及价格等方面。

6.3.1 产量的适应性调整

随着市场状况、生产情况的变化，公司与农户都有调整产量的意愿。一般来说，公司是根据市场行情预测来制订收购、加工计划，而农户则依据生产能力大小选择种养数量，双方调整产量的出发点不一样。在重复交易背景下，一方难免为了自身利益提出增减订单数量的建议，而有可能会遭到另一方的拒绝。

当公司基于经营战略调整减少对农产品的需求，进而降低向农户的订购数量，将影响农户发挥全部的生产能力；而要求增加订购数量又可能超出农户既定生产规模的承受范围，导致其生产效率下降，这些对农户来说都是不利的。反过来，如果农户生产能力下降，相应的要求减少产量，将影响公司形成一定的经营规模；而农户有能力增产，要求提供给公司更多的农产品时，公司未必愿意接受。这或许因为公司经营规模的限制，或是基于特色农产品供给不宜较多的考虑等。

长期合作面临着不确定性，固定产量显然是不合适的。确定产量区间范围在市场供求、自然条件以及技术因素波动不大的情况下是可行的。在温氏集团、内蒙古塞飞亚集团与农户的契约中，都有对产量范围的约定。例如，2005年前后温氏集团规定养鸡户最小的规模是5000只，最多不能超过10000只。由于农户生产能力普遍提高，以及养殖技术的变化，目前的范围调整为原来的2倍，即2万~3万只。当公司经营或农户生产状况容易发生变化时，规定产量范围而非具体的数量，具有一定的适应性。公司和农户没必要在重复交易中，经常针对产量进行谈判。并且，交易的一方在约定的产量范围内调整，有理由被对方视为合理地利用机会变化。此时，调整产量不再是损人利己的机会主义行为，调整动机值得信任，容易被对方接纳。

6.3.2 质量干预的约定

农产品的质量维度较多，在交易环节衡量质量高低是困难的。虽说大小、肥瘦、新鲜度等通过经验观察可以衡量，但营养含量多寡、食品安全等则需要专门的检测设备，口感好坏等更是难以客观的评价。首先，对于农产品的品质进行较为准确的考核，需要添置相应的设备，支付专门的人工费用。其次，对全部产品进行考核是不现实的，农产品具有保鲜性要求，成批的产品等待考核结果需要付出额外的储藏成本。而且，农产品个体之间存在生物差异性，抽样也不是理想的方式。

在考核费用的约束下，质量考核通常是不完全的。质量等级将成为双方争议的对象。农户可能会在生产中偷工减料，这种机会主义行为可以借助以次充好的手段来掩盖。例如，蔬菜经过简单的冲洗就可以去掉表面过量的农药，家禽在卖给公司之前临时大量喂食可以增加体重等。又如，质量问题是因为农户没有使用优质种苗，还是因为自然因素，更是有限的质量考核信息难以验证的。当然，公司也可能以质量为借口克扣农户的产品。例如，公司在实际测量中，暗自提高重量、含量等的最低等级标准，农户未必能觉察到。即便农户发现了，是交货，还是拒绝交货呢？当出现这些情况时，信任、声誉机制对于质量保障、促进交易也无能为力。

超市场契约避开了在交易环节对质量直接考核，从生产环节上减少质量的潜在争端。目前已知的"公司+农户"超市场缔约活动中，几乎都有要求农户使用公司提供种苗、饲料等生产资料的条款。公司具有供应者和购买者的双重身份，体现了超市场缔约下特殊的治理方式。对交易方生产过程的部分介入，在纯粹市场关系中并不存在，也不是一体化的行政管理。这与通过监督实现的质量控制不同，不妨把此类条款称为"质量干预"。此外，技术指导不只是提高农户生产效率，公司在指导中也能获得生产过程的一些信息。约定公司进行指导的条款也属于质量干预。其实，源头管理和技术指导在农业之外的领域也存在。如在服务业特许经营中，加盟商必须使用总店提供的原料，在制作工艺上也有所要求等。因而，质量干预可能是大多数超市场契约都具有的内容。

6.3.3 框架式契约定价

在农产品订单中，如何定价是影响交易能否持续进行的关键条款。市场价格波动，或者生产状况与缔约时的估计不同，双方都有可能实施机会主义行为。如果市场即期价格高于之前的协议价，农户有可能隐瞒产量并将产品向市场转售；反之，公司也可能以质量为由拒绝收购一定的数量。如果由于自然条件、要素价格的原因，导致生产成本提高或降低，公司或农户将可能在交易环节提出重新协商价格的要求。固定的缔约价格难以适应不确定性程度普遍较高的农产品交易[①]。

"公司+农户"是一种利益共同体，超市场契约定价还要能够体现双方的收益分享关系。来自合作的收益主要包括：锁定购销对象可以节约搜寻、谈判等市场交易费用，技术培训、指导能提高农户的生产效率，农产品的稳定供给可以改善公司的生产经营条件等。这些收益的大小取决于产品的市场竞争环境、农户个体的人力资本以及公司对原料的需求等因素，因而获利情况是因人而异、因时而异的。与动态变化的合作收益对应，契约价格需要具有一定的灵活性。

---

① 学界提出的期货价格也属于确定性条款。期货交易可以应对波动性，但是期货机制主要规避具有整体性的市场、自然风险，对生产经营成本缺少直接的考虑，也不能针对具体、个别的交易。

超市场契约中的价格条款是框架式的，即双方约定购销价格的确定原则而不是给出具体、固定的价格。在框架式的定价机制下，实际成交价格在一定程度上是可以自行调整的。交易双方接受价格调整至少要满足两个条件：一是价格调整由外部因素的变化引起而不是出于个人原因，这是防范机会主义的要求；二是价格调整没有改变交易的合作性质，调整后双方仍然是收益分享关系。超市场缔约活动基本上具备第一个条件。这是因为双方比较充分的信息交流，使价格调整是否来自生产成本、市场价格方面的压力具有了可证实性。公司向农户提供生产资料，以及对农户进行技术指导，能够基本掌握生产成本方面的情况；像温氏集团那样，农户被邀请参与公司经营战略的谋划，也能让农户进一步了解公司的发展状况。对于第二个条件，即价格调整中保持收益分享的格局，则依赖于特殊的具体定价方式。

6.4 公司与农户的合作博弈与定价机制

在超市场契约下，公司与农户之间具有合作博弈关系。这是因为，一方面"公司+农户"的整体收益大于公司和农户单独生产经营时的收益之和；另一方面公司与农户以正式的契约来明确合作关系，并对合作所产生的收益进行分配。公司和农户之间的关系符合合作博弈的基本特征。

合作收益的分享比例以及契约定价可以由合作博弈的均衡解来确定。考虑一个"分蛋糕"的合作博弈模型。假设农户与公司处于不合作状态时①的收益分别为 v_1 和 v_2。农户的 $v_1 = Pm - Ct_1^0 - Cp_1^0$ ②，即通过市场销售产品的所得，扣除市场交易成本 Ct（cost of transac-

---

① 也可以理解为"无法达成协议的配置"时的状态（施锡铨，2012）。
② 符号中下标1代表农户，2代表公司；上标0表示没有合作，1表示合作状态。下同。

tion），以及完全独立的生产成本。公司非合作状态下的净收益 $V_2 =$ $R - Pm - Ct_2^0 - Cp_2^0$，其中，R 表示公司对于收购的农产品进行再加工后的销售所得，需要扣除的部分是从市场上采购农产品的价格、检测等市场交易成本以及公司生产经营的成本。双方在非合作状态下的收益受市场价格 Pm 的影响。当双方的合作关系维系时，农户收益 $x_1 = Pc - Cp_1^1$，这里不妨假设农户几乎已经不承担市场交易成本。公司收益 $x_2 = R - Pc - Ct_2^1 - Cp_2^1$，其中 Ct_2^1 主要是指公司技术指导、沟通等治理成本（也可称为"管理交易"的成本）。公式表明，双方的收益受到契约价格 Pc 的影响。

合作收益记为 Rc（revenue of contract），它代表"蛋糕"的大小。Rc 等于公司与农户在合作状态下的收益之和，即 $Rc = \sum_{i=1}^{2} x_i = R - Cp_1^1 - Ct_2^1 - Cp_2^1$。合作净收益（net revenue of cooperation）的总和是 $NRc = \sum_{i=1}^{2} x_i - v_i$。

农户净收益 $x_1 - v_1 = (Pc - Pm) + (Ct_1^0 - 0) + (Cp_1^0 - Cp_1^1)$，包括契约价格和市场价的差额，以及市场交易成本节约与生产成本减少。为后面表述方便，不妨记为 $\Delta P + \Delta Ct_1 + \Delta Cp_1$。

公司获得净收益 $x_2 - v_2 = (Pm - Pc) + (Ct_2^0 - Ct_2^1) + (Cp_2^0 - Cp_2^1)$，其中 $Ct_2^0 - Ct_2^1$ 是指公司节约的市场交易成本与增加的专门治理成本的净值。类似的，公司的净收益记为 $\Delta Ct_2 + \Delta Cp_2 - \Delta P$。

可以看出，在超市场契约持续期间，合作净收益的分配比例由两部分决定：一部分是双方直接获得的，即各自交易成本和生产成本的变化；另一部分是通过契约定价进行调节。超市场契约定价需要对合作收益分配进行动态调整。公司和农户净收益公式中 ΔP 的正负号相反，体现了合作收益分享的"此消彼涨"。

据此，可以构造两人讨价还价模型。"蛋糕"是合作收益，即 Rc。收益的可行配置集 $F = \{(x_1, x_2) | x_1 + x_2 = Rc\}$。F 包含两个极端点：（Rc, 0）和（0, Rc）。当分享比例至少有一方不接受时，"单

干"的收益向量 $v = (v_1, v_2)$。不妨假定公司和农户都是风险中性的，即两者都是线性的效用函数。因此，直接用货币值来度量公司和农户的效用水平。对于任何可行配置，追求效用最大化的个人理性要求是 $x_1 \geq v_1$ 且 $x_2 \geq v_2$。

对偶 (F, v) 定义了公司与农户合作博弈的讨价还价问题。其中，F 是二维空间 $\Re^2$ 的一个闭凸子集，v 是二维空间 $\Re^2$ 中的一个点。$F \cap \{(x_1, x_2) | x_1 \geq v_1, x_2 \geq v_2\}$ 是非空有界集合，这意味着双方有谈判的必要，而且合作收益在现实中不管多大是相对有限的。

在存在市场波动的条件下，$\Delta P = Pc - Pm$ 可能为正也可能为负。一次交易中公司和农户的损益是不确定的。实际上，合作博弈关系意味着双方的利益权衡已经基于未来的预期。不妨假定公司和农户以持续合作中的 ΔP 期望值来判断分配比例的大小。即 $x_1 - v_1 = E(\Delta P) + \Delta Ct_1 + \Delta Cp_1$，$x_2 - v_2 = \Delta Ct_2 + \Delta Cp_2 - E(\Delta P)$。其中 $E(\Delta P)$ 表示建立在主观概率基础上的，契约成交价格与市场价格差额的期望值。

根据有关定理①，对于两人讨价还价问题 (F, v)，存在唯一讨价还价解，它使纳什乘积 $(x_1 - v_1)(x_2 - v_2)$ 达到最大，即 $\phi(F, v) = \max_{x \in F, x \geq v} (x_1 - v_1)(x_2 - v_2)$。由于合作总收益是既定的，即 $x_1 + x_2 = Rc$，纳什讨价还价解满足 $x_1 - v_1 = x_2 - v_2$。

需要指出，这个解体现的不是简单的平均主义原则。因为，$v_1 \neq v_2$ 意味着双方在形成合作关系之前的地位、条件不等同。如果 $v_1 < v_2$，公司在合作谈判中处于相对有利的地位。一旦讨价还价不成功，公司退回到非合作状态时收益比较高。讨价还价解是 $x_1 < x_2$，即 $x_2 = \lambda x_1$，其中 $\lambda > 1$。如果 $v_1 < v_2$，则是 $\lambda < 1$。实际上，在合作状态的交易成本、生产成本既定的前提下，契约价格 Pc 的变化能够使 λ 取不同的值。$\lambda \neq 1$ 意味着双方在交易环节获得的收益不同，但是与不合作相比双方又获得了均等的净收益。

---

① 施锡铨：《合作博弈引论》，北京大学出版社2012年版，第21页。

$x_1 - v_1 = x_2 - v_2$ 意味着 Pc 满足 $E(\Delta P) + \Delta Ct_1 + \Delta Cp_1 = \Delta Ct_2 + \Delta Cp_2 - E(\Delta P)$。如果假设市场价格服从围绕生产成本的均匀分布的波动，那么，合作博弈处于均衡状态时的契约价格 Pc 与市场价格的期望差额 $E(\Delta P)$ 主要取决于双方的交易成本节约和生产成本降低。

6.5 契约定价方式与合作收益分配的调节

超市场缔约活动能带来的合作净收益 NRc 是市场交易费用、治理费用以及生产成本变化的综合结果。主要包括：(1) 农户在原材料采购、销售环节，公司在产品检测环节所能节省的市场交易费用；(2) 公司额外的经营、技术指导以及与农户沟通等治理方面的花费；(3) 公司因为获得稳定供货渠道，农户因为生产改进所降低的生产成本，扣除双方的专用性投资成本。在已知的"公司+农户"实践中，存在着三种不同的定价方式：保底收购、高进高出与固定分成。在不确定性的市场环境中，它们都调节收益分配并实现合作博弈均衡。

超市场契约中保底收购定价比较常见。这种方式以成本为基准，事先约定的成交价格 Pc (price of contract) 为生产成本和成交时市场价格的最高者，即 $Pc = \max\{Cp, Pm\}$。其中，Cp (cost of product) 是农户的单位生产成本，Pm (price of market) 是成交时产品的市场价格 (或者市场参照价格)。

当 $Pm < Cp$ 时 $Pc = Cp$，与通过市场出售产品相比，农户的单笔获利是 $Cp - Pm$；与通过市场购买产品相比，公司的单笔损失也是 $Cp - Pm$。当 $Pm > Cp$ 时，公司和农户按照市场价成交，双方并没有从订单交易中获利更多。换句话说，相比市场交易，公司和农户在交易中获利为零。

因此，对于全部的合作收益，公司和农户的分享比例是动态变化的。与 Pm > Cp 相比,当 Pm < Cp 时,农户的分享比例将提高。这种定价方式下的分配格局明显受市场波动的影响。如果市场价格低于生产成本的概率较大,或者市场价格大幅度低于生产成本,那么公司在合作中的分享比例将降低。具体可见示意图 6.1①。

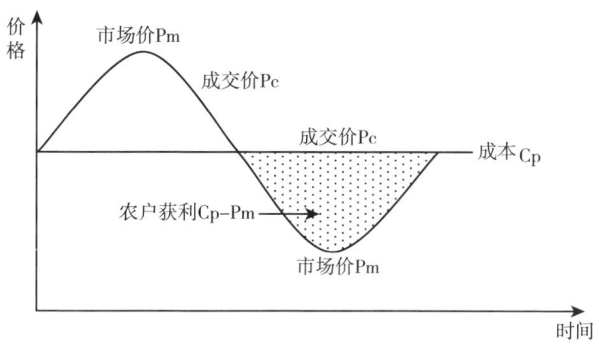

图 6.1　保底收购定价的收益调节

高进高出定价的代表是内蒙古塞飞亚集团。双方约定较高的原材料价格减弱了农户机会主义行为的动机,较高的收购价格又保证了农户一定的获利空间。农户需要预先支付生产成本的契约价格 Cp',而且 $Cp' > Cp$。收购价也高于市场参考价,即 $Pc' > Pm$②。

实际成交价格 $Pc = Pc' - (Cp' - Cp)$,即从收购价中扣除成本的加价数额。显然,"高出"的收购价不能小于"高进"的契约成本价,即 $Pc' \geqslant Cp'$。

在高进高出定价方式下,公司并没有承诺农户获得一定的利润。当 $Pm < Cp$ 时,Pc' 将可能达到下限,满足 $Pc' = Cp'$。进而,实际成交价格等于实际成本,即 $Pc = Cp$。这时,高进高出定价对双方的影响与保底收购是类似的。

---

① 为了便于比较不同定价机制的收益调节结果,以下示意图中以简单的价格波动和不变生产成本为例。
② 以内蒙古塞飞亚集团为例,其收购价参照了北京一些大型企业的价格,因此,可以认为收购价并不低于市场价。

当 Pm > Cp 时,与保底收购不同,实际成交价格不需要与市场价格相等,可以是 Pc < Pm,即 Pc′ − (Cp′ − Cp) < Pm。此时,农户的收入 Pc′ − Cp′ 小于 Pm − Cp,而 Pm − Cp 是保底收购定价方式下的收入水平,这意味着农户没有保底定价下的获利多。相应的,Pm > Cp 时公司在订单交易中的获利大于零。

在高进高出定价方式下,合作收益的分割比例也是动态变化的。与保底收购相同的是,市场行情差时农户在交易中获利,而不同点在于市场行情好时公司也能够获利。具体可见示意图 6.2。

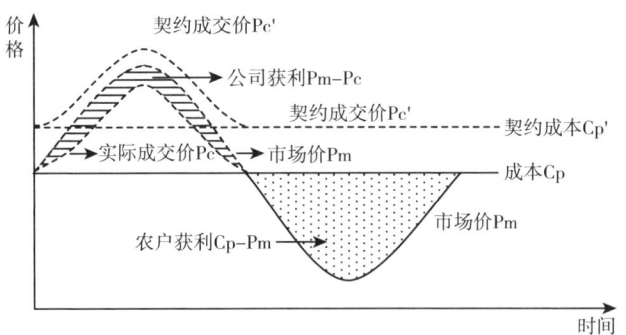

图 6.2 高进高出定价的收益调节

固定分成定价的典型例子是温氏集团。农户不需要预先支付原材料价格,生产成本的核算采用类似于一体化的内部记账方式,可以称其为流程价格(罗必良,2010)。这里的内部成本价收购价首先能保证成本回收,即 Pc > Cp。

其次,收购价随着生产成本变化。一般来说,Pc − Cp = R,其中 R 是相对稳定的常数。例如,温氏集团承诺农户养一只鸡的获利不小于 1.5 元。收购价在扣除种苗、饲料或肥料的花费后,使农户获得确定的收益。

当 Pm < Cp 时,固定分成下的成交价格 Pc > Cp,因而农户不仅保本,还可以获利更多。Pm > Cp 时具体分为两种情况:

第一种情况:市场价格稍微高于成本,即 Cp < Pm < Cp + R。此

时，由于 Pm < Pc，相比在市场中进行交易，公司有损失。

第二种情况：市场价格显著高于成本。固定分成下的成交价不像高进高出方式，要以市场价为参照。因而，其成交价无需"随行就市"的抬高，只要保证农户固定的毛利 R 即可。在这种情形下，相比高进高出，公司可以获利更多。

总体上，固定分成下公司和农户在交易中的期望获利都大于前两种方式。当市场行情差时，农户在交易中获利更多；当市场行情好时，公司也能获利较多。具体可见示意图 6.3。

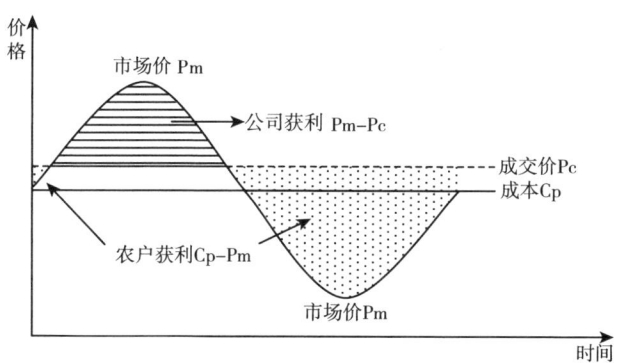

图 6.3　固定分成定价的收益调节

上述三种定价方式调节收益分享的情况，可以归纳为表 6.3。

表 6.3　不同契约定价方式下收益调节的比较

区别于市场交易定价	Pm > Cp 时双方获利情况	Pm < Cp 时获利双方获利情况	Pc 与 Cp 的关系	收益分配的基本格局
保底收购	农户 0 公司 0	农户 Cp − Pm 公司 Pm − Cp	Pc ≥ Cp	市场行情差时农户占优；市场行情好时双方都不占优
高进高出	农户 Pc − Pm 公司 Pm − Pc	农户 Pc − Pm 公司 Pm − Pc	Pc ≥ Cp	市场行情差时农户占优；市场行情好时公司能够占优
固定分成	农户 Pc − Pm 公司 Pm − Pc	农户 Pc − Pm 公司 Pm − Pc	Pc > Cp	市场行情差时农户更加占优；市场行情好时公司更加占优

市场价格可能高于或低于生产成本，保底收购在利益调整方面是"一边倒"的契约定价方式。市场行情差，农户能够保底；市场行情好，按照市场价成交，公司并没有从成交环节得到额外的收益。与之不同，高进高出和固定分成方式是"对称"的调节利益。当市场行情差时，实际的成交价格大于生产成本和市场价格，农户可以保底；当市场行情好时，实际的成交价格位于市场价格和生产成本之间，公司可以在交易中获得成交价和市场价的差价收益。可见，在不同契约定价方式下，市场风险分担与利益调整的具体做法有所不同。但是，本章接下来的分析将表明，这些定价方式是在不同的条件下围绕着 ΔP 进行调节，并且实现相同的合作博弈均衡结果。

6.6　节约交易成本对于超市场契约定价的影响

在超市场缔约合作中，农户所节约的交易成本主要来自销售环节。当分散经营时，为了让农产品卖个好价钱，农户需要自己寻找合适的销售渠道。联系并且与中间商谈判；或者花费一定的时间、人力，直接拿到市场上出售等。一般来说，对于产量水平低，种养普通作物品种的小规模农户来说，卖难问题更为突出。农户选择与公司合作，更能节约市场交易成本。生产规模较大的农户，或者种养特殊品种作物的，自己销售原本就没有太大的困难，"公司+农户"方式对其节约交易成本的作用有限。

对于公司来说，超市场缔约活动能节约产品的考核费用。这是因为，对于产品质量的考核转变为产前、产中的适度控制。要求农户使用公司提供的原材料，以及在生产环节接受技术指导的沟通与交流，基本上能保障产品的质量。农产品越是具有特色，越是难以直接检测，关系缔约越是能节约市场交易成本。与市场采购相比，公司增加的交易成本主要在于治理方面，包括专门设置向农户发放种苗、肥料的公司部门，以及对生产进行专门技术指导所需要的人力、物力等。如果公司内部的管理具有效率，这部分新增的交易成本主要与信息技术的运用有关。现代信息技术的发展，能够降低超市场治理的成本，增强节约考核费用的净效应。

公司或农户的任何一方，如果在非合作状态下的交易成本较高，即 Ct_i^0 值较大。在这种情形下，单干的收益相对较低，v_i 值较低。这意味着他可以从合作中获得更多交易成本节约的好处。那么，他在契约定价方面做些让步，是讨价还价达成协商一致（均衡），从而实现合作（均衡）的必要条件。契约定价 Pc 的高低，进而 E(ΔP) 的大小与农户交易成本的节约幅度成反比，而与公司交易成本的净节约程度成正比。一般的超市场契约中都包含生产的源头管理和质量控制，"公司+农户"对于公司节约交易成本的相对效果更加显著。在契约定价方面公司对于农户更多的让利，符合合作博弈的理性原则。

暂且不考虑生产成本的变化，如果合作使公司更能节约市场交易成本，即 $\Delta Ct_2 - \Delta Ct_1 > 0$，那么保底收购能实现净收益的均衡分配。这是因为，当市场价格 Pm 低于生产成本 Cp 时，以生产成本价交易；当市场价格 Pm 低于生产成本 Cp 时，以市场价交易。只要市场价格偏低的概率不为零，保底收购就满足 E(ΔP)>0，使 $x_1 - v_1 = x_2 - v_2$。由于一般的超市场契约中都包含生产的源头管理和质量控制，"公司+农户"对于公司节约交易成本的相对效果更加显著。因此，保底收购不妨视为"公司+农户"超市场缔约定价的基本方式，它主要体现了交易成本节约的相对比较。

保底收购的下限是生产成本，上限是高于成本的市场价格。但是，也可能存在超过市场价格收购的情况。理论上，如果农户的生产规模较大，产量较高，或者种养的品种具有特色。因其在合作中获得的交易成本好处更少，索取更高的契约价格才能实现均等的净收益分配。通常认为"大户"具有一定的谈判能力，从合作博弈角度看正是因为其在非合作状态下也具有一定的收益能力。温氏集团对于规模化养殖户的奖励实际上意味着，给予其更高的契约价格。反过来，对于普通的农作物，公司能节约的检测费用不多，通常是不愿意就普通农作物与"大户"进行合作的。因为，这样的合作博弈结果对公司来说将是得不偿失的。

6.7 生产成本降低与契约定价方式选择

公司与农户的超市场缔约活动，在节约生产交易成本的同时，也会对生产成本产生积极的影响。双方锁定购销关系可以节约直接生产过程之外的相关生产成本。对公司来说，稳定的货源供应有助于加工过程的连续性，从而节约了资产的闲置成本。公司在提供种苗、肥料、饲料方面具有规模经济，农户可以获得价廉物美的原材料。

如果双方由此得到的好处是对等的，保底定价方式仍然是适宜的。这是因为，当 ΔCp_1、ΔCp_2 同等增加时并不改变 $x_1 - v_1$ 与 $x_2 - v_2$ 之间的大小关系，在平均主义原则下，不需要调整合作收益的分配比例。而例外的情况是，超市场缔约交易对象的非标准化程度很高，缺少可替代性。这意味着稳定的合作更有利于提高公司加工环节的生产效率，这将促使公司提高保底收购的上限值。不然的话，一旦行情见长，市场价格高于契约价，农户倒是可以向市场转售签约的产品，而公司却难以从市场上收购需要的货源。

因而，随着农作物的非标准化程度提高，公司可以获得考核费用和生产成本双重节约的好处。在市场行情好时，公司将愿意接受高于市场价格的成交价格。这意味着保底收购的定价方式已经不再仅仅具有"保底"意义。契约价格既要高于农户的生产成本，又要高于市场价格。如果不考虑直接生产过程中的成本变化，在合作博弈逻辑和平均主义原则下，公司的确需要在市场好或坏两种情况下都对农户让利。但这种非理性行为并不具有现实基础，因为在公司的带动下，农户直接生产成本不可能是一成不变的。

公司在农产品加工等生产环节具有自己的技术，是否与农户合作对于公司的直接生产成本影响很小。农户则不然，接受公司技术指导，农作物生产效率将有所提高，生产成本会下降。在合作中，农户能降低直接生产过程中的成本，这意味着如果退回到单干状态，农户的损失较多。反过来说，农户单干时的生产效率低，收益相对较低。直接生产成本方面对合作博弈的影响是：公司处于 v 值相对较高的地位。讨价还价的均衡结果是：契约定价将倾向于公司而不是农户。越是非标准化的交易，公司提供给农户的技术、知识越是具有专用性，如特种作物的种养等，那么在合作收益的分配上更要向公司进行倾斜，以便实现净收益的均等。这限制了成交价格经常性地超过市场价格。

当 $\Delta Cp_1 > \Delta Cp_2$ 时，为保证 $x_1 - v_1 = x_2 - v_2$，$E(\Delta P)$ 的值与保底收购相比需要降低。当公司能降低农户直接生产过程的成本时，契约定价 Pc 有向下的压力。当市场行情差 Pm 偏低时，依然是保底价 Pc = Cp。而当市场行情好时，不再按照较高的市场价成交，公司则分享更多的合作收益。高进高出和固定分成反映这种契约定价的要求。

在高进高出定价方式下，实际成本是"高进"的生产成本扣除种苗、饲料等的加价部分，将这一部分从"高出"的成交价中减去得到实际成交价。"高出"的成交价要高于市场价。如果"高出"的成交价低于市场价格，农户的生产成本又是"高进"，农户就将难以接受"两头挤压"的实际成交价格。市场行情见好，农产品市场价格提高，"高出"的成交价也需要相应提高。但是，由于并不要求"高出"和"高进"的数量相等，因此存在着实际成交价格低于市场价格的可能，即 Pc < Pm。农户在合作收益分配上并不比保底收购情况下更好，主要原因在于农户多多少少享受了直接生产成本降低的好处。

如果公司的指导能显著地提高农户的生产效率，公司就有理由分配更多的合作收益。固定分成方式保证农户单位产品的毛利，契约定价需要围绕农户生产成本变动，不像高进高出方式以市场价为调整基准。因而，当市场行情好时，即便市场价格 Pm 较高，契约定价 Pc 也未必需要上涨。此时，公司可以在保证农户毛利的同时，获得更多的收益。相比高进高出，固定分成是更倾向于公司的分配方式。温氏集团的定价被称为"五五分成"，其实并不是公司和农户在合作收益分享上的"对半开"。当公司带动下农户生产成本显著节约，即 $\Delta Cp_1 \gg \Delta Cp_2$ 的同时，定价方式使农户具有较小的 $E(\Delta P)$ 值。公司在获得更多合作收益的同时，双方对净收益均等分享。

6.8 "公司+农户"超市场契约的可能变化

实际上，本章已经区分了合作博弈的两种典型类型，在比较静态分析意义上，它们是交易成本节约型合作博弈和生产成本降低型合作博弈。前者是指 ΔCt 的比较变化对于讨价还价解以及契约定价的意义；后者则是指 ΔCp 的影响，成本节约型博弈解要求保底收购，它所体现的是公司让利以获得交易成本的节约。由于农产品普遍存在检测费用高昂问题，因而高进高出和固定分成定价也具有保底的作用。在"公司+农户"能对农户直接生产过程产生积极作用时，契约定价向公司倾斜，体现的是公司在合作净收益中的贡献增加。对于公司影响农户生产成本的不同程度，相应地存在低于市场价格的不同契约定价方式。

实践中的超市场定价要受到交易成本、生产成本的综合影响。随着检测技术、信息技术以及农产品市场结构的变化。在博弈中维持合作关系的定价方式需要适当地调整和转化。根据本章的分析，基本的逻辑是在交易成本节约和生产成本降低方面，哪一方获得好处越多意味着其 v 值越小,讨价还价能力越低。在合作博弈均衡解中,在定价方面处于劣势,表现为 λ 值的高低。在本章的模型中,保底收购下的 λ 值最小,公司与农户的合作关系更接近于市场。保底收购,与其说公司向农户让利更多不如说公司原本就"屈服"于市场。固定分成定价的 λ 值最大,其背景是公司与农户在生产环节深度合作,更像是一个企业的组织方式。

"公司+农户"组织存在向一体化演化的可能。如果农户的生产成本借助于公司的经营优势能够显著降低,同时,公司在节约交易成本方面得到的好处不多,那么,合作博弈均衡下的 λ 值将远远大于零。当 $1/\lambda$ 趋向于零时,农户在合作中的地位将更加地接近于固定索取者,因为这种情形下契约价格 Pc 几乎始终等于成本价 Cp。当农户的收入始终只能补偿成本时,在经济关系上就属于了被雇用者。

如果人民公社时期的集体组织看成是"农业经营公司",集体组织带动农户的方式是上述演化可能性的例证。一方面,在农业基础设施相当薄弱的背景下,通过国家和集体公共投资完成的农田水利和灌溉系统建设,在当时能极大地提高直接生产过程中的效率;另一方面,对于大田作业,把收购环节的质量检测以事前的控制来替代,将遇到劳动监督手段的约束。生产中的"质量干预"手段并不能有效地节约考核费用。此外,农产品没有正式的市场进行合法的交易,理论上交易成本是很大的,集体生产节约交易成本的效果显著。这些条件分别可以表示为:$\Delta Ct_1 \gg 0$,$\Delta Cp_1 \gg 0$,以及 $\Delta Ct_2 \approx 0$,$\Delta Cp_2 > 0$。因而,在集体组织与农户的合作博弈中,均衡的结果将是 $\lambda \to \infty$。这意味着在一定程度上集体和农户形成一体化的"人民公社"符合组织的逻辑。

"公司+农户"组织也有退回市场交易的可能。如果农户在公司的带动下,逐步扩大了生产规模,自己本身可能就具备了节约生产成本的能力。而且,大户通常可以与市场"无缝连接"。合作博弈的均

衡结果将向着 $\lambda \to 0$ 发展。一般情况下，当公司在合作收益中的相对贡献越来越少时，主从关系不再能给农户带来更多的好处，合作收益的分配将更加倾向于农户而不是公司。以保底收购价进行合作是这方面的例证。一般来说，保底收购的背景条件是农户获得公司在生产经营方面的指导不多，但是公司借助于源头管理节约了较多的考核费用。保底收购方式在农产品市场行情差时以成本价收购，行情好时按市场价成交，实际上是公司对农户较多的让利。除非公司进一步帮助农户降低生产成本，从而提高自己在合作博弈中的谈判能力。否则，在激烈竞争的市场中，公司单方面的让利行为总不能长久，"公司+农户"组织将面临解体，双方可能重新回到市场交易方式。

6.9 小　　结

本章立足于产权关系的契约实现，探讨"公司+农户"的契约实现问题。虽然准一体化是"公司+农户"组织的共同属性，但是超市场契约在农业领域中有其适用范围。依照交易成本经济学的逻辑，"公司+农户"缔结超市场契约的有效范围是特殊品种、生产周期短以及市场不确定性程度高的领域。因为在这些情形下，双边治理和具有适应性的契约对于保障专用性、促进生产效率而言至关重要。

在"公司+农户"超市场契约的适用领域中，交易的复杂性程度较高。超市场契约具有更强的适应性，能在不确定性条件下促进持续的交易。为此，需要在数量、质量、价格等主要条款上，考虑灵活的、框架式的内容安排。尤其是，契约定价既要在市场价格存在波动时实现成交价的调整，还要能体现利益共同体的合作分享关系。

常见的超市场契约定价可以概括为保底收购、高进高出和固定分成。由于公司和农户在节约交易成本、生产成本方面存在具体差异,这些定价方式在成交价调节方式,以及收益分享比例上有所不同。契约定价倾向于公司或农户只是反映某一方在合作中的贡献程度,双方对合作净收益的分配是均等的。随着公司带动农户生产效率更为显著,或者农户的生产经营能力逐步提高,"公司+农户"组织有着向一体化或市场交易演化的可能。

"公司+农户"
准一体化机理与
超市场契约定价
Chapter 7

第7章 "公司+农户"组织的发展与政府扶助

"公司+农户"组织运用超市场契约,实现了农户小规模生产和公司大规模经营的融合。在这种规模经营方式下,农户家庭既保留了生产的积极性,又可以在公司的引领下发展生产。如前所述,在某些农业门类中,"公司+农户"具有较强的组织效率和生产效率。在农业经营体制转变过程中,"公司+农户"模式具有难以替代的地位。

"公司+农户"组织在购销合同的基础上形成,发挥了市场配置资源的作用。公司和农户的交易具有帕累托改进的结果,双方共同创造并分享了合作所带来的收益。合作收益是促成公司和农户进行生产经营分工的基础。在激烈竞争的市场中,"公司+农户"组织生存和发展面临的挑战主要在于,是否能产生更多的合作收益,从而保持长期合作的意愿。

通过生产与经营的相互促进,规模经营有助于农业产业链延伸,把更多的农业剩余留在农业部门,促进农业资本深化和技术进步。但是,由于农业总体上具有相对显著的自然、生物属性,农业生产能带来的剩余不多。政府对农补贴是促进农业发展的必要手段。现阶段,政府扶持农业的广度和力度不断增强。对于"公司+农户"这种特殊的规模经营组织,分析其发展基础与现实条件,有助于政府安排更加精准的扶农措施。

7.1 合作收益是"公司+农户"组织发展的基础

从订单交易到主从关系,合作收益在"公司+农户"组织形成中是关键的因素。如果购销合同不能给其中一方带来额外的收益,公司和农户将不会进行订单合作,而是各自从事完全独立的生产经营活动。进而,市场波动可能带给某一方更多的获利机会,如果合作收益较少,订单容易被毁约,双方的合作将不稳定。反之,较多的合作收益构成任何一方退出交易的壁垒，从而能化解合作所面临的市场冲击，实现长期的合作。合作收益的增加，使"公司+农户"组织不会轻易解体，而是形成和巩固了主从关系。因而，合作收益能保障自我履约行为，成为这种组织应对利益冲突和摩擦的"润滑剂"。

"公司+农户"组织的合作收益主要来自交易成本与生产成本的节约。由于农产品的质量维度较多，考核费用是交易成本的主要组成部分。在农业生产中，种苗、饲料是影响农产品质量的重要因素。如果农户自主地选择生产原料，公司在收购之前，能掌握的农产品的质量信息不多。为避免农户以次充好，公司需要对农产品质量进行细致、严格的考核。在双方基于主从关系的合作中，农户采购生产资料这项经营活动已经交给公司统一安排，公司通过控制种苗、饲料等原料的品质和数量，从源头上保障农产品的质量，减少了交易环节的考核费用。

源头管理除了具有节约交易成本的作用外，也可以节省农户的生产投入。由公司统一供应原材料，能获得采购或者生产上的规模经济。公司与为数不少的农户合作，需要提供的原材料数量较大。如果是公司大规模外购原材料，可以享受批发价的优惠，农户具有了低价获得生产资料的可能性。如果公司自行研发和生产种苗、饲料等原材料，由于是批量供应给签约农户，按照批发价核算也是合理的。农户是否真正能在生产成本上获利，要看双方具体的利益分配。但是，无论结果如何，都是规模经营带来的合作收益。

除了投入品价格以外，"公司+农户"组织还因为生产效率的提高而节约了生产成本。主从关系不仅体现在源头管理上，生产过程中农户还接受公司的技术指导。小农户一般缺乏现代农业的生产技术经验，如果没有正确的生产操作，仅凭品质好的种苗、饲料也未必能获得高产优质的农产品。公司制定农作物生产的技术标准和操作流程，对农户进行即时性、针对性的指导和培训，可以实现科学的种养。例如，喂食量、肥料施用量等更加准确，动植物病虫害的防止更加及时等。这些使农户能够在操作环节中减少浪费,并且提高农作物产量和质量。

合作收益是两种成本的节约,扣除因此发生的相关费用的结果。节约交易成本和生产成本,需要公司和农户专门的投入。公司实施源头管理,需要储备、供应某种农作物的种苗、饲料等生产资料。对于品牌农产品的生产来说,这些原材料的研发和生产投入有时也是必要的。例如,带动周边种植大户生产的江苏田娘集团,其主体就是处理畜禽粪便、秸秆等农业固体有机废弃物,生产系列有机肥料的农业科技企业。温氏集团则是在"公司+农户"模式发展中,成立了自己的专业育种公司和配套的饲料厂。

针对某种农作物生产的工艺、技能知识,公司对农户进行指导、培训需要相应的技术人员和技术方面的投入。例如,在"杠杆式公司带农户"模式中,江苏省镇江市荣炳镇横塘湖水产公司与苏州大学农科教授建立了长期合作关系,公司还在鱼塘边为苏大教授设有工作室,适时为鱼塘提供几乎所有的技术支持和服务(刘东、王屹亭,2014)。

在生产中,为了满足技术上的要求,农户也要购置相应的设备,或者对于生产设施进行改造等。在温氏集团与农户的合作中,农户需要按照公司规定寻找符合技术规范的场地,投资饲养设施,包括畜棚、防寒保温设备、防暑降温设备、防疫设备、免疫设备等配套设施(罗必良、欧晓明,2010)。此外,顺利地接受技术指导、培训,形成现实的生产能力,农户家庭需要投入具有一定技术和技能基础的劳动力。

双方有针对性的投入是产生合作收益的前提,而且这些投入的花费不能大于交易成本、生产成本节约的总和。这些投入通常还具有一定的专用性。按照威廉姆森(1992)的分类,"公司+农户"组织的资产专用性主要包括:(1)地点专用性,如距离农作物种养地较近的原料储备、供应系统,以及农产品的初加工场所;(2)设备的资产专用性,如水产养殖的供氧、禽畜养殖的喂食、果蔬种植供水需要专门的设备;(3)专用的劳动力,包括播种、日常管理、采摘等环节需要劳动者相应的体力,以及针对某种农作物生产所掌握的关于工艺、技能的知识等;(4)品牌资产,如"田娘""温氏"等品牌需要配套的种苗、饲料、肥料等,这些原材料如果单独使用,就可能会降低产品的价值;(5)时间上的专用性,由于农业生产受自然因素影响,如温度控制、湿度保持、旱季取水、收获季节储藏等设施或设备,在其他时间使用往往损失价值,适得其反。

总之,合作收益是"公司+农户"组织存在的前提,增强专用性资产的投入,从而增加合作收益是这种组织发展的物质基础。

7.2 "公司+农户"组织发展的现实问题

7.2.1 生产资料市场对合作收益的冲击

源头管理是节约农产品交易成本的重要手段。公司统一供应生产资料、统一收购农产品,使农户避开了"小生产"与"大市场"对接的困境。在农户可以专注于生产的同时,公司直接面对着农资市场。市场环境的变化会影响这种规模经营所产生的合作有益。

如果公司不是自行研制、生产种苗等生产资料,而是通过外购的方式实施源头管理,市场必然会对公司的统一经营活动带来冲击。由于是集中供应给签约的农户,公司对农资进行储备是必要的。当生产资料价格上涨时,公司经营成本也随之提高。而且,农业生产具有较强的季节性,农资投放的时间有其自然、生物规律性。公司很难等待价格下降时,再继续其统一经营活动。

外购、储备成本的上升提高了源头管理的难度。当节约交易成本的代价更大时,合作收益是下降的。根据合作博弈的分享原则,农户的务农收入也将下降。这意味着，虽然是在公司的引领下间接地与市场接触，农户并不可能完全地规避市场风险。此外，由于公司承担了主要的经营活动，农户可能更加不了解市场。单个农户的谈判能力本身就不高，在信息不对称的条件下，公司有可能将市场风险更多地转嫁给小农户，从而削弱小农户的合作积极性。

如果是公司自行研发、生产种苗等生产资料，就仍然要面临市场压力。生产资料的形成本身有自己的价值链，研发同样需要原材料。当基础性原料价格上涨时，如普通种苗等，研发、生产的成本也将提高。更主要的问题是，自行研发会提高生产资料的专用性，需要更高的契约保障。例如，专门用于品牌生产的饲料，用在一般的品种上，有损专用性的资产价值。农户一旦毁约，公司的研发成本将不能得到充分的补偿。而公司为此提高生产资料的供应价格，又难以被农户接受。在这种情况下，合作收益中蕴含着更多的创新风险，不利于利益共同体的稳定发展。

一方面，公司需要有相当的经营规模，才有能力进行种苗等原材料的研发；反过来，恰恰是源头管理中的科技创新，可以带动更多的农户和自身经营规模的扩大。另一方面，有经营能力的公司能应对农资市场的冲击，维护一定的合作收益，从而，能够在直接面对市场竞争中继续实现与农户的合作，保持一定的经营规模。先要有较大的经营规模，还是先具备较强的经营能力，从交易成本节约的源头管理手段上说，"公司+农户"组织存在着内生发展的困难。

7.2.2 增加实物资产投入的困难

交易成本的节约容易受到市场环境的影响。而生产效率的不断提升，则是应对市场冲击的长期、有效的手段。如果信息技术等交易手段既定，农户生产成本又不能进一步降低，"公司+农户"组织将处于停止发展状态。但是，市场波动是随时存在的。当市场价格的变化幅度很大时，虽然有超市场契约关系的保障，由于更加强烈的机会主义动机，"公司+农户"组织仍然可能会解体。

在农业生产中，某种技术往往需要与相应的生产工具、手段结合。因而，农户提高生产效率从而节约生产成本，不仅依靠公司的技术指导，还需要农业生产设施、设备的投入，如种植业的节约高效型灌溉技术需要喷淋、滴灌设备，养殖业的科学饲养需要自动喂食动力系统等。在公司和农户的合作中，增加实物资产投入，可以进一步提高生产环节的效率，降低生产成本。而且，越是专业化的生产和专门的实物投入，越能提高产品的附加值和市场竞争力，促进"公司+农户"组织自身的发展。

由于农户是在自己承包土地上使用机器、设备进行生产，公司可能会对农户的生产条件附加要求或限制，未必对农户生产条件进行投入。但是，恰恰是小规模农户更愿意参与"公司+农户"组织，也更加缺少生产资金，如果没有生产条件的支撑，技术对于生产效率的积极作用会打折扣。在合作收益中来自生产成本方面的部分较少，"公司+农户"的关系性契约将具有明显的交易型特征。在这种情况下，合作双方的目的、合作分配主要围绕交易成本的节约，"公司+农户"更像是订单交易关系的升级，而不是准一体化组织。

在"公司+农户"组织中，假设由公司进行生产条件的投入。如果土地本身没有什么特殊的品质、劳动力也很普通，由于公司对于农户生产效率的贡献程度较大，合作博弈的均衡结果是在收益的分配上呈现"一边倒"的格局。这种合作中农户将接近于固定索取者，公司则成为土地、劳动这些资产的租赁者。双方已经没有了共同创造组织租金的关系，而是形成类似于一体化的组织。

针对小规模农户与公司的合作而言，提高农户生产效率所需要的生产条件投入存在着"两难"困境。双方都不投入，关系型契约的市场属性增强，在价格波动的环境中准一体化将变得松散；小农户无力投入，公司完成投入的话，将有一体化的倾向。随着农业生产技术进步加快，所需投入的实物资产将更多，投入的资金也要增加。"公司＋农户"组织的发展需要解决实物资产追加投入的问题。

7.3 政府对公司的源头管理与经营能力进行扶持

近年来，我国财政支农资金投入力度不断加强。2015年，包括农资综合补贴、良种补贴在内的政策达到50项。其中，有些政策意在加快构建新型农业经营体系，推进现代农业发展。例如，引导工商资本到农村发展适合企业化经营的种养业政策。但是，在具体实施过程中存在着投入分散、效益较低等问题。对于"公司＋农户"这种重要的规模经营组织类型，政府需要考虑扶持的对象和具体内容，以提高财政支农的精准性和有效性。

统一供应农户的生产原料，减少产品的考核费用是"公司＋农户"组织的交易特色和优势。为此，公司需要直接暴露在市场中，承担较高的经营风险。农资价格上涨，将增加公司的经营成本，制约其引领和带动农户的作用。随着经营的规模化程度提高，即签约农户数量增多，如果没有相当的实力，公司将难以独立应对市场波动对长期合作的冲击。公司如果把市场风险更多地转嫁给农户，又会增加农户的负担，容易导致组织解体。

目前，政府关于农资的补贴政策，主要针对农户家庭，重点是种粮生产。在"公司＋农户"组织中，农户不再从市场上购买主要的生产资料。而且，公司是按照内部价供应给农户。政府对农户直接补贴，缺乏必要的衡量依据。签约农户实际上在生产，但是难以获得补贴。此外，"公司＋农户"组织形式更多适用于果蔬业、禽畜养殖业等，这些门类并不是农资补贴的侧重领域。因而，现有的补贴方式不能有效地扶助"公司＋农户"组织，使其在面临市场压力时，仍能保证一定的合作收益。

从主从关系角度看，公司的经营活动对于"公司+农户"组织的发展至关重要。当公司的经营能力被市场削弱时，带动者本身需要被带动。政府对这种规模经营组织的扶持，可以针对源头管理活动，并且选择公司为直接扶助对象。例如，当种苗、饲料等农资价格上涨过快或过大时，对公司进行补贴。具体的做法可以是，以公司与农户签订合同的总产量为依据，核算生产资料的用量。补贴额参照对农户补贴时的标准，并考虑公司是否实际发放，以及辐射带动农户数量多少等因素。同时，要求公司向签约农户予以公示补贴情况。对公司进行价格补贴，有助于在市场冲击下维护双方的长期合作。

如果是公司自行研发，提供种苗、饲料等原材料，由于市场冲击的影响不大，价格补贴是不必要的。但是，生产资料品质和效能方面的创新存在较高的技术风险。对此，政府可以给予一定的税收优惠，以及技术支持。公司提供自己研发的原材料，能进一步掌控农作物的产量和质量，改善源头管理的实际效果。因而，鼓励良种培育、饲料研制等活动，可以增强公司在市场中的竞争能力，进而给"公司+农户"组织带来更多的合作收益。政府对公司农业创新活动的扶持，不仅能起到稳定组织的作用，也通过公司的带动实现了惠农的目的。

除了市场风险、技术风险以外，农业生产中还存在着自然风险。例如，禽畜养殖业中存在的动物流感爆发问题。因为自然条件减产，农户是直接损失者。同时，在"公司+农户"组织中，公司的经营也将面临很大的挑战。由于农户产量下降，公司从事的再加工等生产经营活动可能会中断。普遍减产导致市场价格往往偏高，农户很可能将农产品转向市场出售来弥补损失，由此破坏了主从关系。如果由公司对农户进行补助来维系合作，其代价可能不菲，如温氏集团在农户固定分成定价方式下的损失很难相像，没有温氏集团那样产业链多元化的经营优势和融资能力，一般的营农公司凭自身的力量能在长期中化解自然风险对合作的冲击。自然风险也是政府可以考虑的扶助内容。

对于公司带动型的规模经营组织，扶助公司等于是扶助农户。不仅如此，对公司的扶持还提高了财政支农的实际效果。如果是对农户进行直接补贴，未必能促进生产发展。由于小农户生产通常具有"半耕半工"特征，拿到政府补贴后，家庭不一定将其用于购买良种、肥料等，很可能用于日常消费或者储蓄。此外，小农户如果不掌握正确使用良种等技术，即便将补贴用于生产，也难以提高农业生产效率。如果补贴对象是种植大户或家庭农场等，因为这些规模化经营主体具有一定的能力，这些问题将得到缓解。但是，将众多小农户置于补贴范围之外，又有损财政支农的普惠性。

根据公司的经营规模进行农资补贴，小农户的订单也将包括在其中。由于补贴可以减少公司转嫁市场风险的行为，小农户虽然没有采购原材料，实际上间接地获得了财政扶助。不仅如此，按照订单的总产量确定补贴额，公司发放一定生产资料才能获得相应的补贴。这种补贴方式，实现政府财政支出与农户实际生产相挂钩，提高了财政助农在实施环节的效果。而且，由于农户是在公司的技术指导下从事生产活动，政府通过公司对农业生产进行补贴可以更好地转化为生产效率。可见，对公司直接补贴的措施，在扶助对象、内容方面更加精准，更有效地促进农业发展。

7.4 政府为农业专用性实物资产投入创造有利条件

在许多"公司+农户"的案例中，公司投入人力资本进行技术指导是普遍存在的，但是对农户进行实物性投入的并不多见。出现这种状况，主要是因为实物资产存在特殊的专用性，需要更为复杂的产权和契约关系来保障，"公司+农户"组织一般的主从关系和超市场契约并不支撑更多的实物资产投入。

实物资产专用性主要来自公司对产品的特殊要求，包括特殊的生产工艺、特殊的农产品品质等。农业门类众多，具有专用性的实物资产专用性是比较常见的，专门的建筑物，如鸡舍等；专门的输送工具，如渔船、灌溉设施；专门的机器设备，如加工机械等。这些分别涵盖了物理、场地专用性等。实物资产具有专用性的一般含义是指，某种资产如果改变其用途，将不具有生产上的最佳使用价值。要么不再是生产资料，或者不再能带来一定的生产效率。

实物资产的投入载体不像人力资本的载体，即劳动者具有相对较强的"可移动性"。在农业生产经营中，公司的储藏设施、加工机器和运输设备，农户的生产设施等，比劳动者更容易"固化"。实物资产的专用性容易被局限在特殊的技术、物理等分工范围内，并且通常附着在土地上而具有地点专用性。实物资产的投入也不像人力资本可以在"干中学"中积累。实物资产是否已经投入、专用性程度如何几乎在缔约时就完全地确立。一旦投入，只要设备、机器等没有随着技术条件、市场竞争而变得更加普及、通用，专用性在契约存续期间将长期、稳定地存在。因此，与人力资本相比，专用性实物资产投入具有更强的投资属性，即主体事先的理性选择行为以及明确的获利性目的。

如何实现"公司+农户"组织的专用性投入，产权关系与契约安排是"硬币的两面"。前者事关投资的事前激励，后者则属于事后治理。以哈特为代表的产权观点认为，契约具有不完全性意味着事前明确界定专用性投资几乎是不可能的。因此，激励事前关系专用性投资需要优化所有权结构。可见，在组织的产权分析中，专用性投入程度本身是研究对象。以威廉姆森、克莱因等为代表的契约观点与之不同，专用性资产的存在是分析的前提。例如，威廉姆森（1985）认为专用性问题可以归结为"基本的转换"。即，最初签约阶段会有大量竞争，但随着契约开始执行，资产专用性使双方的关系转变为双边

"公司+农户"准一体化机理与超市场契约定价

垄断。契约安排的目的是保障已经形成的专用性资产。

农业生产操作环节，实物资产的物质载体一般是土地。资产的投入者未必拥有土地的产权，而且投入的资产往往缺乏可移动性。因此，专用性实物资产的投入不仅需要激励，还涉及投资的可撤回性。如果投入者并不能顺利地将资产再出售或租赁，即不拥有投入品全部的所有权，那么适宜的产权配置需要产生比人力资本情形下更高的激励效应。如果双方合作中需要存在高度专用性的实物资产，一体化的产权结构通常可以形成有效的激励（哈特，1986）。因此，"公司+农户"组织中想要新增具有土地附着性的实物资产，准一体化有必要向一体化转化。

专用性实物资产是需要通过投资来形成，机会主义的潜在影响相对较大。设备、地点等投入的经济价值被局限在合作双方特定的分工中，组织的解体意味着损失的开始和持续。因而，实物资产在投入开始就已经属于沉没成本。人力资本总是具有一些通用性的，例如，养牛的也可能会养鸡。但是，养牛的设施却是不能用于养鸡的。契约关系中止时将专用性实物资产重新变成通用资产需要额外的投入。否则，可能不只是资产的经济价值降低，而是没有任何价值。而且，由于土地的附着性，实物通常难以改建、拆换或者拆除等。实物资产不具有较强的可转化性，面临潜在的机会主义威胁更大，超市场契约中需要适当加入统一治理的保障措施。

根据上述分析，"公司+农户"增加实物资产投入的可行方案是农户土地承包的股权化与共同治理。具体来说，农户与公司交叉持有对方的股份，使投入品与其载体形成联合的产权。将专用性实物资产投入置于股权关系框架下，公司与农户具有更加对等的讨价还价能力，专用性投资激励和转化困难问题得到缓解。为此，土地股份化需要以农户形成的合作社作为直接的交易主体，而不是公司与分散的农户签订股权协议，"公司+农户"将蜕变为"公司+合作社+农户"。政府促进"公司+农户"组织的资产升级，首先需要加快土地产权制度改革，释放更多的组织和制度创新空间，鼓励创建土地股份化合作社。同时，通过税收、信贷优惠等手段，引导营农公司向土地股份合作社进行直接投资，从而带动农户进一步提高生产效率。

影响生产效率的实物资产并不总是附着在单个农户的承包地上，灌溉、道路等的主要载体是集体所有的土地。集体组织是土地承包权的发包方，与集体经济组织缔约，相对来说更能形成对于产权稳定性的预期。而且，包括土地股份合作社、生产基地等在内的中介联结体，也常常是在集体经济组织的影响下形成的。目前，各地在不同程度上存在着集体经济"虚位"状况。政府积极地恢复、重建或壮大集体经济组织，也能促进"公司+农户"组织的嬗变，推动实现公司带动型的规模经营。

值得注意的是，在"杠杆式公司带农户"的模式中，公司自己投资铺设了通向鱼塘的"最后一公里路"（刘东、王屹亭，2014）。公司愿意独立承担公共物品的投入，这可能是区别于触发策略的合作手段，不妨称其为"启动策略"。作为营农公司，启动策略具有可信性的前提是自身直接从事生产活动。可以设想的是，公司的经营规模越大，杠杆带动作用越大，越是有可能对公共物品进行投入。对于"公司+农户"模式，是否"掠农"一直是学界担心的问题。从公司对农户投资角度，公司自己是否从事农业生产，可以是对涉农资本进行"甄别"的一种参照，也是政府在引导工商资本涉农方面应该考虑的。

7.5 小　　结

"公司+农户"组织由于其自身的特点，成为现代农业发展中难以替代的规模经营实现方式。这种组织建立在市场契约基础上，其发展将面临市场环境的挑战。合作收益是"公司+农户"组织形成和发展的利益基础。但是，在实践中，由于源头管理涉及农资市场波动，以及生产资料研发的风险，"公司+农户"完全内生化发展存在困难。此外，农户生产运用先进的技术需要相应的生产性资产投入，这通常是小农户无力为之，而公司又不愿为之的。

农业生产发展面临着自然风险、市场风险和技术风险，在"公司+农户"组织中，营农公司是风险的主要承担者。同时，正是公司的带动和引领，实现了规模经营，促进农业生产效率提高。带动者需要被带动，政府可以对公司的源头管理以及农资创新活动予以扶持，从而使财政支出实现有的放矢，提高助农的精准性和有效性。

农业生产中使用先进的设施、设备既是现代农业的内在要求，也是现代生产要素进入农业的重要体现。培育规模经营主体，意在不断提升农业的生产效率，这也是"公司+农户"模式发展的应然方向。从订单农业到准一体化农业，再到现代设施农业，产权和契约组织方式是不变的议题。需要变化的可能是资本深化的内容、土地产权制度以及其他可能促进农业发展方式转变的考虑。

"公司+农户"
准一体化机理与
超市场契约定价
Chapter 8

第8章 主要结论与研究展望

本书通过考察农业技术进步和生产效率现状，把农业发展问题聚焦于一种特殊的规模经营组织方式上，即农户生产和公司经营的相互融合。基于农户调查资料的实证研究进一步说明了理论上公司带动农户发展的可行性和必要性。博弈模型分析也表明实践中形成的"公司+农户"组织是双方理性选择的结果。而且，在经营规模化的不同路径中，这种组织形式具有资本积累、促进分工的优势。

在"公司+农户"组织形成、规模化路径等外在表现的研究之后，本书继续关注这种准一体化组织内的关系、产权结构以及相应的契约安排。农户和公司之间特殊的组织关系可以概括为"主从关系"，它兼具节约商品交易成本和管理交易成本的作用。支撑主从关系的是基于合作收益最大化、围绕土地经营权的产权最优配置。主从关系的具体实现依赖于超越市场和科层的关系型契约条款设计。

8.1 本书的一些结论

围绕"公司+农户"规模经营组织的产权关系和契约安排逻辑，本书已经得出以下主要结论。

第一，"公司+农户"组织是市场契约优化的产物。家庭农场在政府扶持下，以建构的方式产生的现象屡见不鲜，而"公司+农户"是市场交易演化的结果，更贴近市场配置资源的经济原则。公司与农户签订具有长期性的购销合同是规模经营的初级形式。在这种市场组织方式下，双方的联系只限于流通环节，而且双方的矛盾也来自流通领域。在固定成交价格下，没有附加条款的履约行为所能包容的市场价格波动范围是有限的。现金抵押是通常的契约保障条款，针对较大的价格波动需要进行完全抵押是其局限性。就契约的自我履行而言，抵押的作用在于改变了交易双方的违约成本。从理性选择角度看，增加履约收益等价于提高违约成本。因而，交易专用性投入具有提高履

第8章 主要结论与研究展望

约率的效果,属于广义的抵押。但是,单方的投入会使投入者面临另一方"敲竹杠"行为的潜在威胁。为了契约关系的稳定,双方共同进行专用性投入是有效的契约保障手段。由此,公司带动农户发展从客观的表现和结果,变成双方主动的合作。在流通环节的合作上附加了生产环节的联系,形成了"公司+农户"的准一体化组织。

第二,"公司+农户"是比家庭农场更适宜的规模经营方式。首先,形成"公司+农户"组织不需要土地流转。土地流转是经营权与货币的交换,流转租金对农户而言是财产性收入,对公司来说属于增加的经营成本。通过土地流转和集中使用方式来扩大经营规模,将面临流转租金的硬约束。公司和农户之间不存在土地经营权的买卖,而是经营权和经营能力的交易。公司的经营能力越强,农户在土地上能获得的收益越高,反之亦然。这里,土地经营权价值通过事后经营活动的结果来体现,并不像参照市场价格的流转租金构成经营活动的事前约束。其次,"公司+农户"是以资本集中的方式来扩大经营规模。家庭农场主要采用资本积聚来扩大规模,局限于单个资本的生产经营活动。资本集中则造就了生产规模与经营规模大小相互区分的有利局面,生产资本和经营资本分别属于不同的主体,在合作中各自完成积累。组织总资本和经营规模扩张在速度、数量上具有优势。最后,伴随资本集中的是社会分工的创新。农业生产中不同的操作在时间上有严格的先后顺序,把生产流程分解并交给不同的劳动者在同一场所和时间里完成,这种分工方式在农业中几乎不可能实现。但是,农户分别在不同的空间,同时进行着不同的操作却是可能的。"公司+农户"统一经营但不是统一生产,因而是实现新的分工的组织方式。

第三,"公司+农户"模式的有效性存在着可以甄别的适用范围。与主从关系相互匹配的不是市场契约或科层的缔约方式,而是关系型契约。因而,"公司+农户"组织能否发挥其优势,取决于关系型契约是不是适用于某种交易。关系型契约是针对复杂交易的专门手段，在农业领域中交易复杂程度随着交易的关系专用性而提高。关系专用性交易具体是指生产中涉及物质资产和人力资本专用性，以及具有非标准化、非竞争性的作物品种。交易频率是影响关系型契约有效性的另一个因素，这是因为与关系型契约对应的关系治理存在一定的成本，非经常性的交易采用专门的治理方式是不经济的。基于上述逻辑，"公司+农户"组织在农业生产经营中大致的适用范围是大多数的养殖业、果蔬业以及少数特色粮食作物。

第四，不同的关系型契约定价方式在公司和农户利益分配比例上是等同的。关系型契约的适用性依赖框架式而非固定的条款。在不确定性条件下，随着交易环境的变化，双方都可能产生调整契约条款的要求。如果是固定条款，则需要重新谈判，费时费力而且不能达成一致时可能导致交易中断。框架式的条款面向不确定性的未来，确定缔约后的交易原则而不是事先规定好所有的细节。框架式条款既没有锁定具体内容又具有可执行性，因而能适应变化对交易的冲击，不借助重新谈判就能在一定程度上协调双方的利益。目前，常见的框架式定价原则可以归纳为：保底收购、高进高出与固定分成。当市场价格波动时，依据这些定价原则能调节实际成交价格的高低，从而调整双方与合作有关的收益。表面上，三种定价方式在调节方向、幅度方面倾向于公司利益的程度不同，从低到高依次是保底收购、高进高出、固定分成。但是，借助合作博弈模型的分析表明，三种定价方式在双方合作净收益的分配上都体现着平均主义原则。从这个意义上讲，不同的关系型定价方式在"惠农"方面并没有差异。具体的关系型契约是针对不同的交易，它们之间没有良莠之分。

8.2 进一步研究展望

本书集中探究"公司+农户"形成、产权关系和缔约活动等组

第8章 主要结论与研究展望

织的基本理论问题,除了把相关研究向更微观的层次推进并提出一些具有可驳性的结论以外,在尽可能紧扣主题的同时也预留了进一步研究的方向。由于自己的水平有限,书中存在一些不足之处,但是这不妨碍本人对相关问题的兴趣,这些构成了研究展望的立足点。

首先,关于家庭农场适用性的专门研究。在本书前面的研究中,家庭农场是与"公司+农户"对照的规模经营组织形式。选择家庭农场作为参照系,主要是因为这种组织将生产和经营活动集中于一个主体,属于典型的一体化组织。以家庭农场作为镜像,恰好可以突出"公司+农户"准一体化的主要特征。但是,当本书后面给出"公司+农户"具体的适用范围时,由于专注于关系型契约的分析,缺少了家庭农场案例的比对。理论上,在"公司+农户"适用的农业门类中,并不排除家庭农场组织同样可以做得较好。验证"公司+农户"组织适用范围的结论,收集此类组织更多实践案例固然重要,而家庭农场适用性的案例的证伪作用也是不可或缺的。对于家庭农场组织的形成、具体组织方式以及适用范围的专门研究,有助于推进本书关于适用性的结论更加细致。

其次,关于"公司+农户"组织衍生形式的研究。本书将"公司+合作社+农户""公司+基地+农户"以及"家庭农场+农户"等都抽象为"公司+农户"模式。这里所说的农户除了单干的以外,也包括参加了合作社的农户、在基地里从事生产的农户等。此外,将具有较强经营能力的家庭农场也视为可以带动农户的公司类组织。当本书基本达到一般性理论认知的目的之后,面向丰富现实的进一步研究,需要释放概念的外延,避免可能存在的过度简化。例如,合作社是一种非营利性组织,只能粗略地将其看作较大规模的"农户"。一般来说,合作社的活动未必是利润导向的,这一点与单干的农户有所不同。而且,农户单干时或参加合作社时,生产过程中的激励可能也发生着变化。此外,具有一定经营规模的合作社,其谈判能力是高于还是低于单干的农户,已有关于合作社的研究似乎并没有正式的解读。又如，农业生产基地是一个空间概念，还是具体的经营实体范畴。农户与基地之间的组织关系是否影响与基地签约公司的带动作用等问题。当然，与本书联系最为密切的问题是什么样的交易中，需要在公司和农户之间介入合作社或者基地的作用，借以带来更好的规模经营效果。

值得期待的是，在现代农业和规模经营组织多元化不断发展的当下，本书的主要观点将面临更多的实践检验。如果本书的结论得到佐证，这说明"公司+农户"这种生产和经营的社会分工方式突破了自然、生物属性对于农业生产效率的限制，兼具采纳先进技术和提高实际利用效果的作用，在公司和农户较快的积累资本、实现更大的经营规模方面体现了资本集中方式的特点，以及经营权和经营能力的交易和产权关系比土地流转的规模经营更具有组织优势，在不确定性和复杂程度较高的农业领域中关系型契约针对变化具有较强的适应性。如果本书的结论受到实践的诘问，进一步的研究将在涉农公司资本投入的技术结构、生产激励与社会化经营的权衡以及土地经营权的再分解等可能的方向上继续前行。

参 考 文 献

[1] Alchian A A, Demsetz H. Production, information costs, and economic organization [J]. The American economic review, 1972: 777 - 795.

[2] Baker G P, Hubbard T N. Empirical strategies in contract economics: Information and the boundary of the firm [J]. American Economic Review, 2001: 189 - 194.

[3] Baker G P. Incentive contracts and performance measurement [J]. Journal of political Economy, 1992: 598 - 614.

[4] Baker G, Gibbons R, Murphy K J. Relational Contracts and the Theory of the Firm [J]. Quarterly Journal of economics, 2002: 39 - 84.

[5] Barnard C I. The functions of the executive [M]. Harvard university press, 1968.

[6] Barzel Y. Measurement cost and the organization of markets [J]. Journal of law and economics, 1982: 27 - 48.

[7] Cai H. A theory of joint asset ownership [J]. Rand Journal of Economics, 2003: 63 - 77.

[8] Cheung S N S. The contractual nature of the firm [J]. Journal of Law and Economics, 1983: 1 - 21.

[9] Coase R H. The institutional structure of production [J]. The American Economic Review, 1992: 713 - 719.

[10] Coase R H. The nature of the firm [J]. economica, 1937, 4

(16): 386-405.

[11] Demsetz H, Lehn K. The structure of corporate ownership: Causes and consequences [J]. The Journal of Political Economy, 1985: 1155-1177.

[12] Foss K, Foss N. Assets, attributes and ownership [J]. International Journal of the Economics of Business, 2001, 8 (1): 19-37.

[13] Foss N J. Theories of the firm: contractual and competence perspectives [J]. Journal of evolutionary economics, 1993, 3 (2): 127-144.

[14] Geertz C. Agricultural involution: the process of ecological change inIndonesia [M]. Univ of California Press, 1963.

[15] Gow H R, Swinnen J F M. Private enforcement capital and contract enforcement in transition economies [J]. American Journal of Agricultural Economics, 2001: 686-690.

[16] Grossman S J, Hart O D. The costs and benefits of ownership: A theory of vertical and lateral integration [J]. The Journal of Political Economy, 1986: 691-719.

[17] Hart O D. Incomplete Contracts and the Theory of the Firm [J]. Journal of Law, Economics, & Organization, 1988: 119-139.

[18] Hart O, Moore J. Property Rights and the Nature of the Firm [J]. Journal of political economy, 1990: 1119-1158.

[19] Holmstrom B, Milgrom P. The firm as an incentive system [J]. The American Economic Review, 1994: 972-991.

[20] Holmström B, Roberts J. The boundaries of the firm revisited [J]. The Journal of Economic Perspectives, 1998: 73-94.

[21] Khiem N T, Emor S. Linking Farmers to Markets through Contract Farming [R]. Markets and Development Bulletin, 2005.

[22] Klein B, Crawford R G, Alchian A A. Vertical integration,

appropriable rents, and the competitive contracting process [J]. Journal of law and economics, 1978: 297 - 326.

[23] Klein B, Leffler K B. The role of market forces in assuring contractual performance [J]. The Journal of Political Economy, 1981: 615 - 641.

[24] Langlois R N. Economic Change and the Boundaries of the Firm [J]. Journal of Institutional and Theoretical Economics (JITE)/Zeitschrift für die gesamte Staatswissenschaft, 1988: 635 - 657.

[25] Leng M, Zhu A. Side - payment contracts in two - person non-zero - sum supply chain games: review, discussion and applications [J]. European Journal of Operational Research, 2009: 600 - 618.

[26] Li S, Zhu Z, Huang L. Supply chain coordination and decision making under consignment contract with revenue sharing [J]. International Journal of Production Economics, 2009: 88 - 99.

[27] Macneil I R. Contracts: adjustment of long - term economic relations under classical, neoclassical, and relational contract law [J]. Nw. UL Rev., 1977, 72: 854.

[28] Macneil I R. Relational contract: What we do and do not know [J]. Wis. L. Rev., 1985: 483.

[29] Nagarajan M, Bassok Y. A bargaining framework in supply chains: the assembly problem [J]. Management Science, 2008: 1 - 15.

[30] Nagarajan M, Sosic G. Game - theoretic analysis of cooperation among supply chain agents: review and extensions [J]. European Journal of Operational Research, 2008: 719 - 745.

[31] Simon H A. A behavioral model of rational choice [J]. The quarterly journal of economics, 1955: 99 - 118.

[32] Wang C X. The loss - averse newsvendor game [J]. International Journal of Production Economics, 2010: 448 - 452.

[33] Wei Y, Choi T M. Mean-variance analysis of supply chains under wholesale pricing and profit sharing schemes [J]. European Journal of Operational Research, 2010: 255-262.

[34] Williamson O E. Comparative economic organization: The analysis of discrete structural alternatives [J]. Administrative science quarterly, 1991: 269-296.

[35] Williamson O E. The economics of organization: The transaction cost approach [J]. American journal of sociology, 1981: 548-577.

[36] Williamson O E. The theory of the firm as governance structure: from choice to contract [J]. Journal of economic perspectives, 2002: 171-195.

[37] Xiao T, Yang D. Risk sharing and information revelation mechanism of a one-manufacturer and one-retailer supply chain facing an integrated competitor [J]. European Journal of Operational Research, 2009: 1076-1085.

[38] 阿罗. 信息经济学 [M]. 北京：北京经济学院出版社，1989.

[39] 巴泽尔. 产权的经济分析 [M]. 上海：上海人民出版社，1997.

[40] 贝克尔. 人力资本理论 [M]. 北京：中信出版社，2007.

[41] 蔡昉. 刘易斯转折点后的农业发展政策选择 [J]. 中国农村经济，2008，08：4-15+33.

[42] 陈灿，万俊毅，吕立才. 农业龙头企业与农户间交易的治理——基于关系契约理论的分析 [J]. 华中农业大学学报（社会科学版），2007，04：42-45+49.

[43] 陈怀远. 我国农村土地承包经营权流转市场化运行机制研究——基于对安徽省部分市县的调研 [J]. 江淮论坛，2010，01：

14-19.

[44] 陈纪平. 家庭农场抑或企业化——中国农业生产组织的理论与实证分析 [J]. 经济学家, 2008, 03: 43-48.

[45] 陈卫平. 中国农业生产率增长、技术进步与效率变化: 1990~2003 年 [J]. 中国农村观察, 2006, 01: 18-23+38+80.

[46] 陈锡文, 赵阳, 陈剑波, 罗丹. 中国农村制度变迁60年 [M]. 北京: 人民出版社, 2009.

[47] 德姆塞茨. 所有权、控制与企业 [M]. 北京: 经济科学出版社, 1999.

[48] 邓启明, 黄祖辉, 胡剑锋. 以色列农业现代化的历程、成效及启示 [J]. 社会科学战线, 2009, 07: 74-78.

[49] 迪屈奇. 交易成本经济学关于公司的新的经济意义 [M]. 北京: 经济科学出版社, 2000.

[50] 傅晨. "公司+农户"产业化经营的成功所在——基于广东温氏集团的案例研究 [J]. 中国农村经济, 2000, 02: 41-45.

[51] 何一鸣, 罗必良, 高少慧. 产权强度、制度特性与农地权益 [J]. 贵州社会科学, 2014, 02: 37-43.

[52] 洪银兴. 三农现代化途径研究 [J]. 经济学家, 2009, 01: 12-18.

[53] 洪银兴. 中国特色农业现代化和农业发展方式转变 [J]. 经济学动态, 2008, 06: 62-66.

[54] 胡新艳, 沈中旭. "公司+农户"型农业产业化组织模式契约治理的个案研究 [J]. 经济纵横, 2009, 12: 83-86.

[55] 胡新艳. "公司+农户": 交易特性、治理机制与合作绩效 [J]. 农业经济问题, 2013, 10: 83-89+111.

[56] 黄志宏. "鸿源米业": 值得推广的"公司+协会+基地+农户"模式 [J]. 中国农村经济, 2006, 06: 24-31.

[57] 黄宗智, 彭玉生. 三大历史性变迁的交汇与中国小规模农

业的前景 [J]. 中国社会科学学, 2007, 04: 74-88+205-206.

[58] 黄宗智. "家庭农场"是中国农业的发展出路吗？ [J]. 开放时代, 2014, 02: 176-194+9.

[59] 黄宗智. 长江三角洲小农家庭与农村发展 [M]. 北京: 中华书局出版社, 2000.

[60] 黄宗智. 中国的隐性农业革命 [M]. 北京: 法律出版社, 2010.

[61] 黄宗智. 中国农业面临的历史性契机 [J]. 读书, 2006, 10: 118-129.

[62] 黄祖辉, 扶玉枝, 徐旭初. 农民专业合作社的效率及其影响因素分析 [J]. 中国农村经济, 2011, 07: 4-13+62.

[63] 吉本斯. 博弈论基础 [M]. 北京: 中国社会科学出版社, 1999.

[64] 贾伟强, 贾仁安. "公司+农户"模式中的公司与农户: 一种基于委托—代理理论的解释 [J]. 农村经济, 2005, 08: 34-37.

[65] 今井贤一, 小宫隆太郎. 现代日本企业制度 [M]. 北京: 经济科学出版社, 1995.

[66] 康芒斯. 制度经济学 [M]. 北京: 商务印书馆, 2006.

[67] 柯武刚, 史漫飞. 制度经济学 [M]. 北京: 商务印书馆, 2000年.

[68] 科埃利, 拉奥, 等. 效率与生产效率分析引论 [M]. 北京: 中国人民大学出版社, 2008.

[69] 科斯. 企业、市场与法律 [M]. 上海: 上海人民出版社, 2009.

[70] 克莱因. 契约与激励：契约条款在确保履约中的作用 [A]. 科斯等. 契约经济学 [C]. 北京: 经济科学出版社, 1999.

[71] 郎秀云. 现代农业：美国模式和中国道路 [J]. 江西财经

大学学报，2008，02：49－54．

[72] 李谷成．中国农业的绿色生产率革命：1978～2008年[J]．经济学（季刊），2014，02：537－558．

[73] 李谷成，范丽霞，冯中朝．资本积累、制度变迁与农业增长——对1978～2011年中国农业增长与资本存量的实证估计[J]．管理世界，2014，05：67－79＋92．

[74] 李谷成．转型期中国农业单要素生产率变化及资源利用特征[J]．经济问题探索，2009，05：28－34．

[75] 李谷成，冯中朝，范丽霞．小农户真的更加具有效率吗？来自湖北省的经验证据[J]．经济学（季刊），2010，01：95－124．

[76] 林毅夫．制度、技术与中国农业发展[M]．上海：上海人民出版社，1994．

[77] 刘东，贾愚．食品质量安全供应链规制研究：以乳品为例[J]．商业研究，2010，02：100－106．

[78] 刘洁，祁春节．"公司＋农户"契约选择的影响因素研究：一个交易成本分析框架[J]．经济经纬，2009，04：106－109．

[79] 刘东，汪德华，程雪垠，张捷．试论优于要素契约的商品契约[J]．南京大学学报（哲学．人文科学．社会科学版），2003，01：74－81．

[80] 刘东，王屹亭．现代化农业生产经营的中间模式——由"杠杆式公司带农户"契约式经营谈起[J]．探索与争鸣，2014，06：67－71．

[81] 刘东，徐忠爱．关系型契约特殊类别：超市场契约[J]．经济理论与经济管理，2004，09：54－59．

[82] 刘东．非一体化、准一体化与企业信息化[A]．全国高校社会主义经济理论与实践研讨会领导小组．中国经济发展进程中的热点问题探讨[C]．全国高校社会主义经济理论与实践研讨会领导小组，2003：481－489．

[83] 刘东. 企业边界的多种变化及其原因 [J]. 中国工业经济, 2005, 03: 92-99.

[84] 刘凤芹. "公司+农户"模式的性质及治理关系探究 [J]. 社会科学战线, 2009, 05: 45-50.

[85] 刘凤芹. 不完全合约与履约障碍——以订单农业为例 [J]. 经济研究, 2003, 04: 22-30+92.

[86] 卢现祥. 西方新制度经济学 [M]. 北京: 中国发展出版社, 2003.

[87] 吕民乐, 安同良. 中国技术反哺农业的机制、路径与对策 [J]. 中国科技论坛, 2009, 02: 125-129.

[88] 罗必良. 合约的不稳定与合约治理——以广东东进农牧股份有限公司的土地承租为例 [A]. 中国制度变迁的案例研究（土地卷）第八集 [C], 2011: 28.

[89] 罗必良. 合作机理、交易对象与制度绩效——温氏集团与长青水果场的比较研究 [J]. 中国制度变迁的案例研究, 2008 (00): 542-593.

[90] 罗必良. 家庭经营的性质及其产权含义 [J]. 世界农业, 2014, 03: 193-195+198.

[91] 罗必良, 王玉蓉. 农业经济组织的制度结构与经济绩效——一个理论框架及其应用分析 [J]. 农业经济问题, 1999, 06: 11-15.

[92] 马克思. 资本论（第三卷）[M]. 北京: 人民出版社, 2004.

[93] 马克思. 资本论（第一卷）[M]. 北京: 人民出版社, 2004.

[94] 麦克内尔. 新社会契约论 [M]. 北京: 中国政法大学出版社, 1994.

[95] 米运生, 罗必良. 契约资本非对称性、交易形式反串与价值链的收益分配: 以"公司+农户"的温氏模式为例 [J]. 中国农村经济, 2009, 08: 12-23.

[96] 奈特. 风险、不确定性和利润 [M]. 北京：中国人民大学出版社，2005.

[97] 聂辉华. 最优农业契约与中国农业产业化模式 [J]. 经济学（季刊），2013，01：313-330.

[98] 聂辉华. 交易费用经济学：过去、现在和未来——兼评威廉姆森《资本主义经济制度》[J]. 管理世界，2004，12：146-153.

[99] 聂辉华，李金波. 资产专用性、敲竹杠和纵向一体化——对费雪—通用汽车案例的全面考察 [J]. 经济学家，2008，04：44-49.

[100] 诺斯. 制度、制度变迁与经济绩效 [M]. 上海：上海人民出版社，1994.

[101] 普特曼，克罗茨纳. 企业的经济性质 [M]. 上海：上海财经大学出版社，2000.

[102] 恰亚诺夫，农业经济组织 [M]，北京：中央编译出版社，1996.

[103] 钱忠好. 节约交易费用：农业产业化经营成功的关键——对江苏如意集团的个案研究 [J]. 中国农村经济，2000，08：62-66.

[104] 生秀东. 劣市场、准市场与农业产业化——"公司+农户"运行机制探析 [J]. 上海经济研究，2001，09：14-17+13.

[105] 施锡铨. 合作博弈引论 [M]. 北京：北京大学出版社，2012.

[106] 舒尔茨. 改造传统农业 [M]. 北京：商务印书馆，2003.

[107] 苏昕，王可山，张淑敏. 我国家庭农场发展及其规模探讨——基于资源禀赋视角 [J]. 农业经济问题，2014，05：8-14.

[108] 速水佑次郎，弗农拉坦. 农业发展的国际分析 [M]. 北京：中国社会科学出版社，2000.

[109] 孙耀吾, 刘朝. "公司+农户"组织运行困境的经济学分析 [J]. 财经理论与实践, 2004, 04: 113-118.

[110] 涂国平, 冷碧滨. 基于博弈模型的"公司+农户"模式契约稳定性及模式优化 [J]. 中国管理科学, 2010, 03: 148-157.

[111] 万俊毅, 欧晓明. 社会嵌入、差序治理与合约稳定——基于东进模式的案例研究 [J]. 中国农村经济, 2011, 07: 14-24.

[112] 万俊毅. "公司+农户"的组织制度变迁: 诱致抑或强制 [J]. 改革, 2009, 01: 91-96.

[113] 万俊毅. 准纵向一体化、关系治理与合约履行——以农业产业化经营的温氏模式为例 [J]. 管理世界, 2008, 12: 93-102+187-188.

[114] 威廉姆森. 资本主义经济制度 [M]. 北京: 商务印书馆, 2002.

[115] 威廉姆森, 马斯腾. 交易成本经济学 [M]. 北京: 人民出版社, 2008.

[116] 韦伯. 社会科学方法论 [M]. 北京: 华夏出版社, 1999.

[117] 温铁军, 孙永生. 世纪之交的两大变化与"三农"新解 [J]. 经济问题探索, 2012, 09: 10-14.

[118] 温铁军. 农民专业合作社发展的困境与出路 [J]. 湖南农业大学学报(社会科学版), 2013, 04: 4-6.

[119] 西蒙, 管理行为 [M]. 北京: 机械工业出版社, 2007.

[120] 徐忠爱. 公司和农户如何选择稳定性契约治理机制——一个基于两维度的理论模型 [J]. 制度经济学研究, 2010, 01: 105-120.

[121] 徐忠爱. 关系性产权: 公司和农户间契约关系稳定性的重要机制 [J]. 江西财经大学学报, 2011, 03: 67-71.

[122] 徐忠爱. 基于契约规制的农村经济组织模式研究 [J]. 经济学家, 2010, 02: 61-69.

[123] 徐忠爱. 契约设计与公司和农户契约自我实施范围的扩展 [J]. 广东商学院学报, 2009, 02: 11-15.

[124] 徐忠爱. 最优部分所有权: 公司和农户间契约稳定性的制度基础 [J]. 制度经济学研究, 2009, 01: 183-196.

[125] 杨德才. 三农迷局: 路在何方——从梁漱溟到舒尔茨的思考及其启示 [J]. 江海学刊, 2009, 02: 167-171.

[126] 杨其静, 杨瑞龙. 专用性, 专有性与企业制度 [J]. 经济研究, 2001 (3): 3-11.

[127] 杨小凯. 企业理论的新发展 [J]. 经济研究, 1994, 07: 60-65.

[128] 尹云松, 高玉喜, 糜仲春. 公司与农户间商品契约的类型及其稳定性考察——对5家农业产业化龙头企业的个案分析 [J]. 中国农村经济, 2003, 08: 63-67.

[129] 苑鹏. "公司+合作社+农户"下的四种农业产业化经营模式探析——从农户福利改善的视角 [J]. 中国农村经济, 2013, 04: 71-78.

[130] 詹森, 麦克林. 企业理论: 管理行为、代理成本与所有权结构 [A]. 陈郁主编. 所有权、控制与激励——代理经济学文选 [C]. 上海: 上海人民出版社, 1998.

[131] 张五常. 经济解释 [M]. 北京: 商务印书馆, 2000.

[132] 张晓山. 走中国特色农业现代化道路是历史发展的必然要求 [J]. 农村工作通讯, 2007, 12: 17-24.

[133] 张益丰, 刘东, 李月强. 工业反哺农业的组织创新路径研究综述 [J]. 财贸研究, 2010, 06: 48-52.

[134] 张益丰, 刘东. 农村微观组织架构跃迁与准公共产品供给模式创新——基于山东农村综合性合作社发展经验的实证分析 [J]. 中国农村观察, 2011, 04: 55-64+95.

[135] 郑江淮, 袁国良. 经济学方法下的企业家理论——马

克·卡森企业家理论介绍 [J]. 经济研究参考考，1997，70：38 - 43.

[136] 周立群，曹利群. 商品契约优于要素契约——以农业产业化经营中的契约选择为例 [J]. 经济研究，2002，01：14 - 19 + 93.

[137] 郑强国，李宁. 农业产业化进程中公司与农户之间契约的稳定性研究 [J]. 农村经济，2005，10：33 - 35.

[138] 周端明，蔡敏. 资本逻辑、技术创新与农业微观经营方式的变迁——家庭农场是最适合农业的经营方式吗？[J]. 教学与研究，2014，02：37 - 44.

[139] 周立群，曹利群. 农村经济组织形态的演变与创新——山东省莱阳市农业产业化调查报告 [J]. 经济研究，2001，01：69 - 75 + 83 - 94.

[140] 周立群，邓宏图. 为什么选择了"准一体化"的基地合约——来自塞飞亚公司与农户签约的证据 [J]. 中国农村观察，2004，03：2 - 11 + 20 - 80.

[141] 周其仁. 产权与制度变迁 [M]. 北京：社会科学文献出版社，2002.

[142] 周雪光. "关系产权"：产权制度的一个社会学解释 [J]. 社会学研究，2005，02：1 - 31 + 243.